# BEI GRIN MACHT SICH IHR WISSEN BEZAHLT

- Wir veröffentlichen Ihre Hausarbeit,
  Bachelor- und Masterarbeit

- Ihr eigenes eBook und Buch -
  weltweit in allen wichtigen Shops

- Verdienen Sie an jedem Verkauf

## Jetzt bei www.GRIN.com hochladen und kostenlos publizieren

Johann Marek

# Lebenslanges Lernen – Notwendigkeit oder Zwang?

## Die Praxismethode „Elevator Pitch"

GRIN Verlag

**Bibliografische Information der Deutschen Nationalbibliothek:**

Die Deutsche Bibliothek verzeichnet diese Publikation in der Deutschen National-
bibliografie; detaillierte bibliografische Daten sind im Internet über http://dnb.d-
nb.de/ abrufbar.

**Impressum:**

Copyright © 2011 GRIN Verlag, Open Publishing GmbH
Druck und Bindung: Books on Demand GmbH, Norderstedt Germany
ISBN: 978-3-640-93356-3

**Dieses Buch bei GRIN:**

http://www.grin.com/de/e-book/173197/lebenslanges-lernen-notwendigkeit-oder-
zwang

## GRIN - Your knowledge has value

Der GRIN Verlag publiziert seit 1998 wissenschaftliche Arbeiten von Studenten, Hochschullehrern und anderen Akademikern als eBook und gedrucktes Buch. Die Verlagswebsite www.grin.com ist die ideale Plattform zur Veröffentlichung von Hausarbeiten, Abschlussarbeiten, wissenschaftlichen Aufsätzen, Dissertationen und Fachbüchern.

## Besuchen Sie uns im Internet:

http://www.grin.com/

http://www.facebook.com/grincom

http://www.twitter.com/grin_com

**Lebenslanges Lernen – Notwendigkeit oder Zwang?**

**Überlegungen zur Steigerung von
Selbstlernkompetenz.**

**Die Praxismethode „Elevator Pitch".**

# Inhaltsverzeichnis

**Abkürzungsverzeichnis**

| | |
|---|---|
| AG | Arbeitgeber |
| AN | Arbeitnehmer |
| Aufl. | Auflage |
| BES | Beschäftigungssystem |
| BIS | Bildungssystem |
| BMBF | Bundesministerium für Bildung und Forschung |
| DIN | Deutsches Institut für Normung |
| EB | Erwachsenenbildung |
| EP | Elevator Pitch |
| FK | Führungskraft |
| HR | Human Ressource (Personalbereich) |
| IBM | International Business Machines |
| IT | Informationstechnik |
| LLL | Lebenslanges Lernen |
| MA | Mitarbeiter |
| ORG | Organisation |
| RZ | Rechenzentrum |
| SR | Soziale Replikation |
| TN | Teilnehmer |
| TR | Technische Replikation |
| WB | Weiterbildung |

# Abbildungsverzeichnis

**Tabellenverzeichnis**

# 1. Auf dem Weg in eine Weiterbildungsgesellschaft?

Wenn Bildung ein wesentlicher Bestandteil und somit Konsequenz unserer Gesellschaft ist und Bildung als solche einen volkswirtschaftlichen Faktor darstellt, dann scheint auf den ersten Blick klar zu sein, dass das Bruttosozialprodukt maßgeblich vom Bildungsstand (Bildungsnotstand) beeinflusst wird. Angesichts der Notwendigkeit, dass in einer ständischen Gesellschaft wie der Bundesrepublik Deutschland „gelernt" wird, um eben die individuellen wie auch ökonomischen und politischen Grundpfeiler der Demokratie zu sichern (somit das Volkswohl, das durchschnittliche Pro-Kopf-Einkommen zu sichern), gilt es, sich den aktuellen und zukünftigen Herausforderungen zu stellen.

Bildung im Sinne von Weiterbildung (Erwachsenenbildung) und Sinnsuche scheint somit eine Ermöglichung zu sein. Siebert führte hierzu 1983 aus, dass die Erwachsenenbildung ein Angebot ist an relevanten Themen, das die Neugier und den Mut zur Neuorientierung gestattet (vgl. Siebert 1983, S. 95). Deshalb muss, auch unter Beachtung gerade der sozio-ökonomischen Faktoren (Alter, Einkommen etc.), Bildung „hochgehalten" werden, damit es nicht zu einer Verschlechterung der sozialen Struktur unserer Gesellschaft kommt.

Dieses „Hochhalten von Bildung" ist das aktuelle Paradigma (oder sogar Dogma?) unserer Zeit und bedeutet für den Einzelnen aufgrund unterschiedlicher Aspekte (s. unten), seinen Bildungsstand en jour zu halten resp. zu verbessern – und dies „lebenslang" – im Sinne dieser Arbeit „Lebenslanges Lernen" tituliert. Ist es nun so, wenn wir eine „Weiterbildungsgesellschaft" aufbauen, wir uns dem steten Wandel inklusive der darin inhärenten Beschleunigung aussetzen, dass wir dadurch den ökonomischen und politischen Zeitgeist bedienen (s. aktuelle Krisen, Nachwirkungen etc.)? Liegt der Schlüssel zum „Glück" (also soziale wie auch individuelle Lebensqualität) in permanenter Weiterbildung begründet? Wenn dies so ist, dann unterliegt das Individuum der normativen Kraft des Faktischen. Weiterbildung ist dementsprechend eine Notwendigkeit – somit als Norm anerkannt oder individuell gesehen möglicher Zwang.

Es gilt vor diesem Hintergrund und den daraus entstehenden/entstandenen Aspekten und deren (Neben-)Wirkungen die Frage zu stellen: „Sind wir auf dem Weg in eine Weiterbildungsgesellschaft?", und wenn ja, was bedeutet dies?

Wittpoth (2007, S. 36) erläutert hierzu: "Vor dem Hintergrund der Frage, ob wir uns auf dem Weg in eine Weiterbildungsgesellschaft befinden, stellte bisher der institutionalisierte Bereich der Erwachsenenbildung den alleinigen Fokus der Überlegungen dar." So sieht Wittpoth die Notwendigkeit, sich dieser Frage und deren Wirken auszusetzen und stellt seine Sicht und Grundlegung bzgl. der Pädagogisierung der Gesellschaft in einem kritischen Zusammenhang zu wissenschaftlichen, politischen wie auch ökonomischen Überlegungen dar. Allerdings fokussiert er sich nicht ausschließlich auf die Sichtweise, ob allein die Bildungsgesellschaft sich dadurch verwirklicht, dass ihr eine Ermöglichung des Zugangs zu Bildung in Institutionen/Trägern[1] gestattet ist (vgl. ebenda), denn das mehrheitlich traditionelle Verständnis des Stattfindens von Erwachsenenbildung bezieht sich auf einen abgrenzbaren Ort (die Institution, die Trägerschaft), sondern auch auf den eigentlichen Gegenstand der Erwachsenenbildung.

Dieser Gegenstand der Erwachsenenbildung/Erwachsenenbildungswissenschaft weist eine genuine Eigenschaft auf, die sich nicht in einer Trägerschaft allein begründet. Diese Eigenschaft liegt am Subjekt selber „dem (zu) lernenden erwachsenen[2] Menschen"; er/sie muss und wird erzogen/gebildet – dies über seinen (beruflichen) Lebenslauf hin.

So expliziert Arnold zutreffend: „Pädagogik ist eine Lebenslauf- und Veränderungswissenschaft (…). Sie untersucht, wie die Entpuppung individueller Potenziale sich ereignet und fragt nach den förderlichen und hinderlichen Bedingungen … des Subjekts" (Arnold 2008c, S. 3). Denn Lernen „passiert" vor allem unter den sich wandelnden Bedingungen, denen der Erwachsene ausgesetzt ist – in seinem lernbiographischen Lebenslauf. Die Erwachsenenwissenschaft hat somit ihre ursprüngliche Eigenständigkeit im Sinne pädagogischen Denkens des Erwachsenen über seinen Lebenslauf in der Moderne (vgl. ebenda, S. 1f). Aufgrund gleicher Sichtweise (v.g.) zieht Gieseke den logischen Schluss, dass deshalb **der** Gegenstand der Erwachsenenbildung der erwachsene Mensch bzgl. seiner Lehr-Lernprozesse im Umfeld lebensweltlicher, psychischer, sozialer, politischer u. a. Faktoren (vgl. Gieseke 2004, S. 6) ist – und dieses Gegenstandsfeld wird von keiner anderen Disziplin besetzt (vgl. ebenda). Weiter führt sie an, dass somit die Frage nach den anthropologischen und epistemologischen Bedingungen des Erwachsenenlernens und ihrer Bedeutung für die Zukunftsgestaltung damit gestellt wird (vgl. ebenda, S. 81). Es könnten Programme sein, die sich über komplexe Abstimmungsprozesse im Gegenstandsfeld der Erwachsenenpädagogik

---

[1] S. Anhang 1
[2] S. Folgekapitel zur Erläuterung von Adoleszenz.

entwickeln – demgemäß gilt es, diese Realität der Erwachsenenbildung – auch unter Forschungsgesichtspunkten – noch zu verorten (vgl. ebenda, S. 48).

„Für die Lernprozesse in der Erwachsenenbildung ist es wichtig, dass genau diese vielfältige Nutzung oder auch Selbstblockade bei den Lernangeboten bedacht wird. Da langt es nicht, Lehrstoff, der auf Berufsbilder zugeschnitten ist, einzubringen. Man muss wissen, wie man Erwachsene erwachsenengerecht unterrichtet. Das heißt, die Lehrenden müssen akzeptieren, dass die Lernenden über viele Kompetenzen verfügen, aber auf Grund des manchmal längeren Ausgeschlossenseins von Lernprozessen vielleicht Umwege nötig haben, dass sie auch Ängste haben" (Gieseke 30.10.2009).

Vorgenannter Gedankengang lässt sich problemlos auf Studenten[3] in Fernstudiengänge[4] anwenden – gerade in den Anfängen des Studiums sind diese mit der Fachsprache, den eigenen (oft fehlenden) Lernstrategien und Ressourcen (Zeit, Ort, Dauer) überfordert[5].

Doch zurück zu vorgenanntem Ausschnitt des Interviews – er zeigt schon einige Problemlagen auf; ebenso verweist Arnold auf Aspekte der basalen Lernnotwendigkeit, die quasi schon zu Allgemeinplätzen geworden sind und de facto trägerunabhängig wirken – wie Wissensexplosion, Veralterung des Wissens, rasche Anforderungen und Wandel, zunehmende Komplexität, Steigerung des Kompetenzniveaus, um nur einige zu nennen (vgl. Arnold 2003, S. 24). Daher ist die Legitimierung der Wissenschaftlichkeit und Förderung von Erwachsenenpädagogik – als einer Lebenslaufwissenschaft (vgl. auch Siebert / Seidel 2006, S. 1f) – eine der vordringlichsten Aufgaben in unserer aktuell (alternden) Gesellschaft – und somit evident – i. S. v. „Lebenslangem Lernen".

Dieses „Lebenslange Lernen" ist eine (erzwungene) Anpassungsleistung des Einzelnen, demzufolge er sich diesem Lernen nicht verweigert. Die Gründe hierfür sind aus verschiedenen Perspektiven/Sichten ersichtlich[6]. Gerade für ältere Menschen sind Lernaktivitäten „lebensnotwendig" i.S.v. Sozialisation bis ins hohe Alter und anthropologische Gründe für eine ständige Weiterbildung sind uns quasi per Natur „verschrieben" (vgl. Friebe 2009, S.3.).

---

[3] Der besseren Lesbarkeit folgend wird in dieser Arbeit von Studenten, Mitarbeiter, Teilnehmer etc. gesprochen. Sicherlich sind hiermit auch Mitarbeiterinnen, Studentinnen und Teilnehmerinnen gemeint.
[4] Siehe auch in diesem Studiengang, wo innerhalb von Moodle Beiträge von Studenten zur anfangs beschriebenen Frustrationen sich zum Lehrstoff (den Modulen) äußerten.
[5] Es gilt dies sicherlich auszuhalten und sich zuzugestehen, dass in Studiengängen „dieser Art" es erst zu erheblichen Pertubationen der Verfasstheit des Lerners kommen kann (da Erwachsener)
[6] Die in den Sozialwissenschaften oft verwendete Struktur / Einteilung in Mikro-, Meso-, und Makro-Ebene genügt dieser Perspektivmix (vgl. auch Wittpoth 2003, S. 40) als Ansatz. Denn weder a) politische noch b) ökonomische oder c) anthropologische Gründe sind trennscharf zu behandeln – es bestehen eben Interdependenzen.

So schreibt Siebert: „Der Mensch ist ein lernendes, weil 'instinktungesichertes' Wesen" (Siebert 2006, S.18). Weiterbildung für Erwachsene ist eine lebenslange Sozialisation – jedenfalls ist dies ein ständiger viabler Prozess, der es dem Menschen erlaubt, sich aktiv den Veränderungen der Umwelt anzupassen. Er erfordert allerdings sein Reflexionsvermögen (Reflexives Lernen) und, wie Siebert dies darstellt, nicht nur aus „ … biographischen Erfahrungen zu lernen, sondern auch aus kollektiven Erfahrungen…" (ebenda). Laut Siebert sind manche Gründe hierfür unter interkulturellen Gesichtspunkten zu sehen, da in Zeiten der Globalisierung vermehrt interkulturelles Wissen (Sprachen etc.) benötigt wird (vgl. auch Siebert 2006, S. 11).

Darüber hinaus ergeben sich zusätzliche ökonomische Gründe aus dem Zusammenspiel der Marktteilnehmer – aus diesem Grunde folge ich Siebert hinsichtlich der Problemgruppen und deren Qualifizierung (z. B. Migrationshintergrund) resp. deren Einbettung im Markt (ebenda, S. 12). Zu diesen ökonomischen Gründen ist anzuführen, so wie Wittpoth erläutert, dass die Gründe offensichtlich in dem permanenten (beschleunigten) allgemeinen technologischen Wandel liegen und somit in der Veralterung des Wissens liegt, was dazu führt, dass Organisationen (Unternehmen) relevante Weiterbildung fördern und fordern – um eben ihr eigenes Marktgeschehen zu beeinflussen (also am Ball zu bleiben [Umsatz und Profit langfristig zu sichern])[7]. Die Zielsetzung sei hier die „Lernende Organisation" (vgl. Wittpoth 2003, S. 51). Andererseits bedeutet dies für den Mitarbeiter, dass er sich diesem „Weiterbildungs-Diktat" (freiwillig) unterwirft und lernt – mithin er weiterhin als „employabel"[8] gelten will.

Ausgehend von vor genannten Sichten soll für die Arbeit folgende (zweckorientierte) Hypothese gelten:

> *Je besser der Mensch (als ein lernendes Subjekt[9]) sein Leistungsvermögen den stetig wachsenden Leistungszielen anpasst, umso besser kann er dem Leistungsdruck widerstehen(aushalten) und zum Gelingen[10] seines Lebens beitragen.*

---

[7] Ethik, Sinn, Werte und Moral (auch wenn gerade in Deutschland hier heftigste Diskussionen geführt werden, z. B. über den Mindestlohn usw.) werden vermehrt durch Programme wie „Corporate Social Responsibility" gestützt und Fragen nach „Gewinn und Gerechtigkeit", „Wirtschaft und Ethik als Partner" und „Nachhaltigkeit und Verantwortung" sind gestellt - es existieren schon vereinzelt „gelebte" Antworten (vgl. Friesl 2005, S. 108).

[8] i. S. v. beschäftigungsfähig

[9] Das oben Gesagte gilt im Rahmen seiner Lernbiographie (s. „heimlicher Lehrplan", s. Kapitel 2.1)

[10] Im Sinne von „selbstbestimmt" (vgl. Müller-Commichau 2007, S. 10).

## 1.1 Problemstellung

Doch nochmals einen Schritt zurück: Die Lernbiographie im Sinne einer Biographizität des Einzelnen zeichnet sich (oft) durch „Brüche" aus. Mehrfach wechseln sich im Leben Berufstätigkeit und -art und möglicherweise auch Arbeitslosigkeit ab. Weiterhin ist der erlernte Beruf oft nicht mehr der Beruf, in dem Menschen sich ihren Lebensunterhalt verdienen und die Anforderungen im aktuellen Beruf steigen (fast) stetig – der Mensch muss sich somit anpassen (in seinem Handeln). Diese Anpassungsleistung kann in der Vermittlung und Aneignung von beruflich relevantem Handlungswissen anhand von komplexen Aufgabenstellungen liegen. Das Ziel besteht hierbei, dass in der Auseinandersetzung mit diesen Aufgaben sowohl die berufstheoretischen Erkenntnisse erfahren werden, als auch in umgekehrter Richtung vertiefte Fragen an diese theoretischen Erkenntnisse erfolgen (vgl. Höffer-Mehlmer 2005,S. 40).

Aufgrund dieses Ziels und vorgenannter Hypothese lautet die pädagogische Forschungsfrage dieser Arbeit:

> *Kann Professionalität[11] (i. S. v. professionellem Handeln) dem Lerner durch Transfer von Wissen aus der Theorie in die Praxis et vice versa ihm eine Ermöglichung bieten zu erfolgreichem Handeln?*

Jedoch kann der Mensch als Lernender (und als Lehrender) in seinem Verhalten meist nur reaktiv externen Veränderungen gegenüberstehen und es ist die Frage zu stellen, ob eine förderliche Stärkung der Selbstlernkompetenz im Rahmen von Erwachsenenbildung dem/den Lerner/n ein besseres Leben ermöglicht; also ob und wie er „Brüche" auszuhalten vermag? Diese förderliche Stärkung der Selbstlernkompetenz wirft m. E. noch zusätzliche (Teil-)Forschungsfragen auf wie:

1. *Inwieweit kann dem Lerner ein Methodenrepertoire zur Verfügung gestellt werden, das es ihm gestattet, seinen Lernweg/seine Lernstrategie so zu stärken, dass seine Selbstlernkompetenz gefördert wird und diese letzthin ihn auch im beruflichen resp. (nicht)beruflichen Sein unterstützt?[12]*

---

[11] Gegenüber amateurhaftem Handeln sind ausreichend Kenntnisse, Fertigkeiten und Fähigkeiten vorhanden für Problemlösungen.
[12] Denn Prüfungen sind allenthalben (und deren Bestehen) die erforderlichen Leistungsmesser. In der Regel dienen diese der Leistungskontrolle / qualitativen Leistungsbewertung und führen zu einer Notengebung, was zu einer differenzierenden Ergebnis-Sicht beiträgt (oft unerwünscht, Kritik hierzu s. Folgekapitel).

2. *Inwieweit kann es (uns) Erwachsenenbildnern gelingen, die Kognition und Emotion von Individuen bzgl. Lernverhaltens mit so zu reflektieren (Metakognition), dass sein Lernverhalten bewusst seine Stärken fördert und der Lerner sich der Ermöglichung von Bildung nicht verweigert?*

Als Quintessenz der Problemstellung bleibt festzuhalten, dass es dem Lerner individuell weitestgehend überlassen bleibt (intentional sich bildungsfern/-nah zu verhalten), wie und ob er sich dem Zwang zum Lernen ergibt resp. er dies als eine Chance und eine Ermöglichung ansieht und sich somit „pro aktiv handelnd" den aktuellen Veränderungen stellt (und diesen Druck aushält).

## 1.2 Zielsetzung

Generell ist es das Ziel[13] dieser Arbeit, den „möglichen Nutzen" von Selbstlernkompetenz aufzuzeigen – dies im sozialkritischen Bildungskontext unserer Gesellschaft unter dem Gesichtspunkt „Lebenslanges Lernen" und der damit verbundenen Anforderungen an den Einzelnen zu professionellem Handeln

Speziell dadurch, dass mittels einer Stärkung der eigenen Selbstlernkompetenz nicht nur die eigene Transferleistung in wissenschaftlichen Studien sich verbessert, in der Erarbeitung von komplexen Wissensgebieten, sondern vor allem im beruflichen Umfeld die geforderten Leistungen (z. B. Vorbereitung von Kundengesprächen) im Kontext seines Leistungsportfolios sich steigern – hin zu erfolgreichem professionellen Handeln.

Ausgehend von (meinen) Erkenntnissen aus dem Studium der Erwachsenenbildung – also diesem Studiengang – und aus (meiner) der beruflichen Praxis als Weiterbildner fokussiert diese Arbeit sich auf die Auseinandersetzung der Selbstlernkompetenz im o. g. Spannungsfeld/Umfeld. Hierzu ist es notwendig, die Funktionen der Weiterbildung hinsichtlich des Paradigmas „Lebenslanges Lernen" zu analysieren, kritisch zu hinter-

---

[13] Das genuine Ziel dieser Arbeit ist die wissenschaftliche Darstellung und Auseinandersetzung mit dem gewählten Thema. Es ist weder Ziel der Arbeit, eine Rezeptur für gelingendes Leben darzubieten (vgl. auch Müller-Commichau 2007, S. 7), noch die Emergenz der individuellen Systeme (Individuen) in Taxonomien von Lernprozessen zu pressen/verfestigen.

fragen und in diesem Zusammenhang mit einem weiteren Paradigma – der „Lernenden Organisation" – zu bringen.

**Das avisierte Ergebnis** – Auf Basis der erarbeiteten wissenschaftlichen Erkenntnisse, die in das Praxis-Beispiel einfließen („Elevator Pitch"), wird eine Methode zur Stärkung der Selbstlernkompetenz vorgestellt. Es ist eine Methode (speziell für Prüfungen/Vorträge), die kognitive, übende wie auch metakognitive Lernstrategien beinhaltet (vgl. auch Arnold/Schüßler 2005, S. 74), und die sich (im Idealfall) an Techniken des wissenschaftlichen Schreibens und des beruflichen Einsatzes im Kundengespräch bewährt/bewähren kann.

### 1.3 Gliederung der Arbeit

Diese Arbeit ist in ihrem Aufbau nach dem kumulierten Prinzip strukturiert. Theisen (1992) definiert: "Nach dem kumulierten Prinzip erfolgt zwar auch ein schrittweises Ansammeln einzelner Argumentationselemente, hier entsteht aber zunächst eine Reihung, die der zusammenfassenden bzw. kommentierenden Schlussbemerkung dagegen ...bedarf" (Theisen 1992, S. 124-125). Alle Kapitel sind durch geeignete Übergänge verbunden, sodass sich ein logischer Zusammenhang über die Kapitel wie ein roter Faden zieht.

Im Hauptteil dieser Arbeit werde ich, ausgehend von vorgenannter Zielsetzung im Kapitel 2 die „Funktionen der Weiterbildung" diskutieren – auf Basis u. a. der Grundlegung der Erwachsenenbildung von Wittpoth, Arnold und Siebert. Das Kapitel 3 stellt die Paradigmen „Lebenslanges Lernen" und „Lernende Organisation" und Coaching in (kritischen) Kontext zueinander und im nachfolgenden Kapitel 4 liegt der Fokus auf dem Thema „Selbstlernkompetenz" auf Basis eines Konzeptes von Arnold, Gómez-Tutor und Kammerer aus dem Jahr 2007.

A posteriori wird auf Basis der wissenschaftlichen Grundlegungen aus vorgenannten Kapiteln im Kapitel 5 eine Methode des „Lebendigen Lernens" dargestellt – aufgrund genuiner eigener Erkenntnisse[14] – und erläutert wird dies anhand eines Beispiels aus der Praxis, dem „Elevator Pitch".

---

[14] Das Profil dieser Arbeit orientiert sich zum einem an den Quellen der wissenschaftlichen Literatur der relevanten Themenbereiche. Daneben bringt der Autor, auch als erfahrene Führungskraft, mehr als 38

Im Schlussteil reflektiere ich die Ergebnisse in einer Zusammenfassung – sie wird ergebnisoffen präsentiert, denn „Lernen ist immer eine Ermöglichung".

Nachstehendes Schaubild soll die Struktur der Arbeit verdeutlichen.

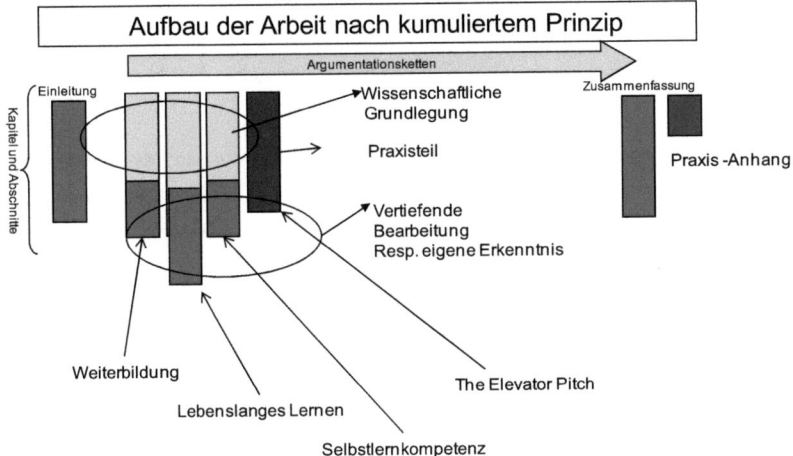

Quelle: eigene

Abbildung 1: Dialektische Hinführung

Diesem Resümee folgend verweise ich im Sinne eines möglichen Ausblicks auf „denkbare" handlungsleitende Programmatiken (und auf weitere Forschungsfragen – s. Anhang 9), die m. E. sowohl günstige als auch unterstützende Wege aufzeigen in eine nicht nur akzeptierte, sondern auch zukunftsorientierte „Normalität"[15] der Weiterbildung – hin zu einer „Weiterbildungsgesellschaft 2.0".

---

Jahre Erfahrungswissen aus den Bereichen Informationstechnik, Personal- und Organisationsentwicklung, Erwachsenenbildung und Coaching ein.
[15] Sie hierzu eine Negation selbiger in einem Szenario in Anhang 10.

## 2. Normalität der Weiterbildung

„Die zentrale Definition des Begriffes ‚Weiterbildung' wurde im Jahr 1970 vom Deutschen Bildungsrat getroffen. Demnach umfasst Weiterbildung sowohl eine primär beruflich orientierte Fortbildung und Umschulung als auch die primär nicht unter beruflichen Vorzeichen stehende Erweiterung der Grundbildung sowie die politische Bildung" (DESTATIS 2010). „Weiterbildung dient der Vertiefung, Erweiterung, Auffrischung oder Erneuerung von Kenntnissen, Fähigkeiten und Fertigkeiten von Individuen, die eine erste Bildungsphase bereits abgeschlossen haben. Dabei wird keine Art des Lernens ausgeschlossen. Zur Weiterbildung gehören Umschulungen und Meisterkurse genauso wie Sprachunterricht, das Nachholen von Schulabschlüssen oder freizeitorientierte Bildungsangebote"(ebenda).

Ob nun in Institutionen wie VHS[16], in Unternehmen oder in Kirchen gelernt wird, aber auch „einfach auf der Straße" etc., ist vom Standpunkt des „Lernens" selber unabhängig (vgl. auch Kapitel 5 „Der Quartäre Sektor des Bildungssystems" von Wittpoth (2003, S. 107f)[17]).

Doch vorweg kurz eine Begründung und eine historische Hinführung, wie es zu dem definierten Begriff „Weiterbildung" kam.

### 2.1 Politische Ansprüche an Weiterbildung

Ausgehend von der Bildungsreform der 60er Jahre[18] und den damit verbundenen Reformbewegungen sind Bildungspläne entstanden, die sich in der Bildungspolitik in einer langfristigen Perspektive niederschlugen, bis hin zu einem Bildungsgesamtplan. Uhle (2004) führt hierzu einige Argumente für die Relevanz selbiger an:

- Ein Verlust ökonomischer und technologischer Wettbewerbsfähigkeit droht,
- eine strukturelle Ungleichheit besteht und
- Bürgerrechte auf Bildung sind nicht genügend berücksichtigt (vgl. Uhle, zit. nach Faulstich 2004, S. 52).

---

[16] Z. B.: VHS ins Stuttgart – ein vielfältiges Angebot – auch in beruflicher Weiterbildung; URL: http://www.vhs-stuttgart.de/vhs_dasprogramm/vhs_dasprogrammfr.html, [Stand 10.09.2010].
[17] Beispielsweise die scheinbar nicht intentionalen „Weiterbildungen" – diesen kann man sich kaum verschließen – sei es, dass der Kaffee-Hersteller ein „Product Placement" betreibt in Form von „Education Flyers" (Wo kommt der Kaffee her etc.), oder an jedem Kasten Wasser einer bestimmten Marke ein Faltblatt uns den Amazonas erläutert etc. Fernsehsendungen – angefangen von „W - wie Wissen" über „Terra X" bis hin zu „Wer wird ..." bieten allgemeine Weiterbildung als Konsum. Weiterbildung scheint somit aus Sicht der (auch der nicht teilnehmenden) Bevölkerung in der BRD Standard zu sein, um eben en jour in beruflichen politischen und gesellschaftlich und auch kulturellen Aspekten zu sein. Hier gilt es allerdings bzgl. der Wertigkeit zu differenzieren – was und wie Weiterbildung funktioniert i. S. einer Struktur (vgl. ebenda, S. 109f).
[18] Studentenunruhen, Sputnik-Schock etc.

Der Bildungsreform folgend ist der „Strukturplan für das Bildungswesen" als eine langfristige Perspektive für das ganze bundesdeutsche Bildungssystem von der Bildungskommission vorgelegt worden. Sie legte in der ersten Amtsperiode acht Empfehlungen und den "Strukturplan für das Bildungswesen" (s. Deutscher Bildungsrat 1970) vor (vgl. Arnold et al. 2002a, Glossar). Das Dokument galt als einer der ersten Schritte auf dem Weg hin zu der so genannten „realistischen Wende" der Erwachsenenbildung (Weiterbildung) (vgl. Wittpoth 2003, S. 31). Es beschreibt die wichtigen und somit zentralen und **grundlegenden Argumentationslinien** – diese sowohl aus Sicht der „Beruflichkeit", als auch in der Perspektive „auf Gesellschaft/Politik":

- „Beruflichkeit": Angesichts des technologischen Wandels und der damit einhergehenden Veralterung des Wissens kann eine einmal erworbene Schulung nicht mehr für das ganze Leben reichen. Es muss deshalb dem Einzelnen möglich sein, seine Qualifikationen den aktuellen Erfordernissen anzupassen. Dies ist nicht nur im Interesse des Einzelnen gefordert, sondern ebenfalls mit Blick auf die Erhaltung des funktionsfähigen ökonomischen Systems.

- „Gesellschaft/Politik": Damit „Jeder" seine grundgesetzlich garantierten Rechte wahrnehmen und seinen Pflichten Folge leisten kann, muss er die Möglichkeit haben, seine Kenntnisse der gesellschaftlichen und politischen Probleme auf dem aktuellen Stand zu halten resp. sein Verständnis der relevanten Zusammenhänge zu vertiefen. Nur so kann der Einzelne seine gesellschaftlichen Mitgestaltungsaufgaben (Wahl etc.) angemessen erfüllen. Mit wachsender Komplexität der Lebensverhältnisse gewinnt dieser Gesichtspunkt permanent an Bedeutung (vgl. Wittpoth 2003, S. 32).

Vor allem Siebert zeigt den Trend einer beschleunigten Individualisierung auf und spricht von einer „Auflösung der Normalbiographie". „Diese spiegelt sich auch in den Lebenssituationen der Studierenden (auch in diesem Studiengang) wider und das klassische Phasenmodell Abitur – Studium – Beruf ist zum Sonderfall geworden. Es sind „vermischte" und diskontinuierliche Lebensläufe zu beobachten" (vgl. ebenda, S. 54).

O. g. Argumentationslinien sind miteinander verschränkt hinsichtlich des Chancengleichheitspostulats, damit die Möglichkeit besteht, die in jungen Lebensjahren verpassten Bildungschancen im Erwachsenenalter wahrzunehmen. O. g. Überlegungen (Argumente) werden ergänzt um Verweise auf die Krisenerscheinungen der letzten Jahre wie: Verkümmerung menschlicher Beziehungen, Verlust an Gemeinschaft, Suche nach Lebenssinn und Identität, Zuwachs an arbeitsfreier Zeit und damit einhergehend „sinnvoller Beschäftigung", soziale (u. psychische) Folgen der Ausgrenzung der Arbeitsgesellschaft in den unteren Einkommensgruppen mittels Grundsicherung für Arbeitssuchende (bekannt unter Hartz IV, vermehrt 1-€-Jobs etc.)[19] und letzthin die „globale" Gefährdung (Verlagerung von Jobs in Billig-Lohn-Länder, Klimawandel, importierte Inflation, Bündnisse, Weltwirtschaftskrisen, Pandemien etc. (vgl. Wittpoth 2003, S. 32f; vgl. Stiglitz 2002, S. 285).

Das Ziel (jedoch) des Individuums ist sein gelingendes[20] Leben (i. S. v. Individuation) und somit auch die Wahrnehmung seiner Rechte auf Bildung. Falls nämlich das „Recht auf Weiterbildung" bestritten wird, nimmt man billigend in Kauf, dass mangelnde Qualifikation das ökonomische System gefährdet, der Souverän sachlich nicht mehr in der Lage ist, (politisch) seine Entscheidungen zu begründen und ein Teil der Bevölkerung in sozialen Notlagen verbleiben würde – dies spricht gegen die Sozialstaatlichkeit (vgl. Wittpoth 2007, S.5; S. 9f).

Allerdings zeigen aktuelle Berechnungen der nahen Zukunft mögliche Szenarien auf, die nicht „allein" durch Weiterbildung gelöst werden können. Ein „Zugriff" auf Vorausberechnungen des Statistischen Bundesamtes – wie in Anhang 2 dargestellt – zeigt die Problematik noch deutlicher. Wenn also die hierin vorausberechneten Daten valide sind, dann bilden sich einige (alarmierende) Strukturen, die nicht nur erhebliche Auswirkung auf das soziale Gleichgewicht haben (werden), sondern **auf jegliche Bereiche wirken,** wie: Rentenlasten für Nachfolgegenerationen sind nicht tragbar (s. aktuelle Diskussionen hierzu), ein durchschnittlich sinkendes Pro-Kopf-Einkommen wird erwartet, bis hin zu steigender Altersarmut, abnehmender Konsum, höhere Steuerlast pro Kopf und ipso facto Auswirkung auf die Volkswirtschaft gesamt. Ein weiterer Blick in die Statistik beruflicher Weiterbildung offenbart, dass „…im Jahr 2005 bei Beschäftigten über 54 Jahren in Unternehmen mit Lehrveranstaltungen die Teilnehmerquote an dieser Form der beruflichen Weiterqualifizierung bei 27% [lag]. Für die unter 25-Jährigen und die 25- bis 54-Jährigen betrugen die entsprechenden Anteile 34% beziehungsweise 41%" (DESTATIS 2007). Ein somit weiteres Phänomen ist ersichtlich – die Abnahme der Weiterbildungsteilnahme von Älteren (vgl. Friebe 2009, S. 3f).

---

[19] URL: http://www.sozialhilfe24.de/hartz-iv-4-alg-ii-2/was-ist-hartz-iv-4.html, [Stand 2011-01-10]
[20] I.S.v „selbstbestimmt" und weitestgehend ohne Zwang

Diese v. g. Aussagen sind im Zusammenhang mit Anhang 2 zu sehen und offenbaren nicht unbedingt eine klare politische Linie hin auf den „Weg in eine Weiterbildungsgesellschaft".

Doch wen betrifft Weiterbildung? Weiterbildung „trifft" auf Erwachsene – es bedeutet Erwachsenenlernen[21] in Bildungsprozessen, mit der Einschränkung, wie sie von Schmitz in seinem schon als Klassiker anzusehenden Buch beschrieben wird: „...Schließlich ist mit Weiterbildung nicht jedes Erwachsenenlernen gemeint, sondern nur dasjenige, das sich durch eine erkennbare Intentionalität auszeichnet" (Schmitz 1978, S. 19). Zur Erläuterung der Einordnung und Struktur nachstehendes Schaubild.

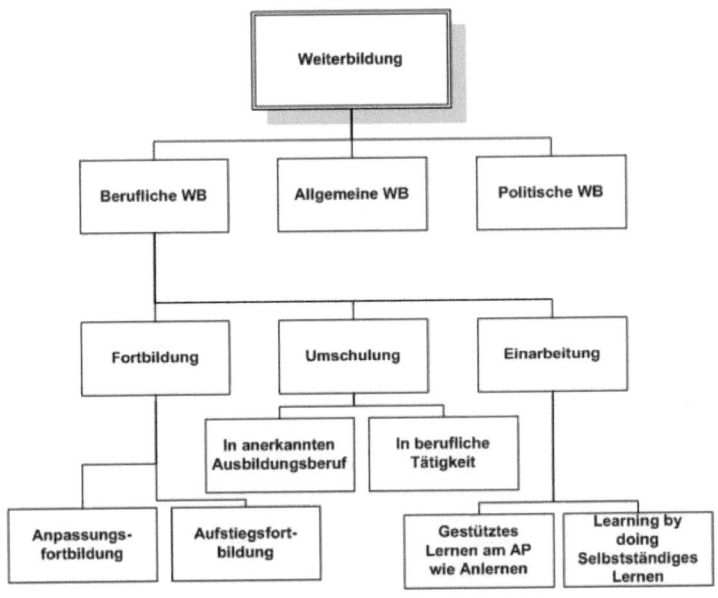

(Quelle: BIBB 1996, S. 9 zit. nach Wittpoth 2003, S. 109).

Abbildung 2: Struktur der Weiterbildung

Im ersten Ansatz könnten die v. g. Argumentationslinien die eigentlichen Funktionen von Weiterbildung beschreiben – sie leisten es jedoch mitnichten – „ ...vielmehr erschließen sich diese erst durch einen analytischen Zugang mittels Theorien der Er-

---

[21] Eine Erläuterung zu dem Begriff siehe Kapitel „Lebenslanges Lernen".

12

wachsenenbildung, wobei erkennbar wird, dass diese Funktionen ebenso „unsichtbar"
sind wie der „heimliche Lehrplan"[22] (vgl. Wittpoth 2007, S. 52).

Ein Hinweis: Im weiteren Diskurs dieser Arbeit verwende ich mehrheitlich den Begriff
„Weiterbildung" im Ansatz nach Schmitz (1978, S. 18f) und nicht den Begriff „Erwachsenenbildung", dies vor allem unter dem Gesichtspunkt des „…prozessualen Charak-
ter[s], wie er in der Konzeption ‚Lebenslanges Lernen‘ angelegt ist". Darüber hinaus –
primär aus Gründen der Kontingenz dieser Arbeit – beschränke ich mich in der Sichtweise auf die berufliche Weiterbildung.

## 2.2 Funktionen der (beruflichen) Weiterbildung

Wenn die gesellschaftlichen und vor allem die Funktionen der beruflichen Weiterbildung konkret betrachtet werden, findet man verschiedenste Zugänge, auch sozialwis-
senschaftlich theoriebasierte Ansätze (vgl. Schmitz 1978, S. 30). Ich folge Wittpoth
(2003, S.39f) in seiner Darstellung, nicht nur hinsichtlich seiner Sichtweise, sich auf
sogenannte Bezugsebenen zu fokussieren (Makro/Meso/Mikro – in Analogie zu Ge-
sellschaft/Institution/Individuum), sondern auch in seiner Argumentation bzgl. seines
Grundverständnisses seiner gewählten Darstellung – denn „…was Erwachsenenbildung ist und das, was sie sein soll, sieht je nach ‚gewählter Perspektive‘ anders aus"
(ebenda, S. 40). Eine systemische[23] Sicht auf Weiterbildung und möglichen Bezugsebenen ist in Anhang 3 enthalten.

Doch worum geht es denn? Die (gesellschaftlichen) Funktionen der Weiterbildung sind
auf der Makro-Ebene „Gesellschaft" nachgefragt. Es geht de facto um das Bildungssystem (BIS), das letzthin nicht vom Beschäftigungssystem (BES) zu trennen ist. Hier
scheinen nachfolgend zwei Sichtweisen zu existieren:
- eine sieht das BIS in vollständiger Abhängigkeit vom BES und
- die andere findet das BIS überwiegend in einem Autonomie-Verhältnis zum
  BES.

---

[22] Der Begriff „heimlicher Lehrplan" in der Erziehungswissenschaft ist primär in gesellschaftskritischer
Perspektive verwendet (s. I. Illich). Es wird somit bereits – ausgehend von der Schule - eine soziale Reproduktion (SR) der gesellschaftlichen Verhältnisse erwirkt.
[23] Unter dem Begriff „systemisch" wird eine Wechselbeziehung verstanden zwischen Ursache und Wirkung
und darauf folgend, welche Wirkung hat diese wiederum vorhergehende Wirkung auf das System - vice
versa – also eine ganzheitliche Sicht – ausgehend vom Menschen (vgl. Arnold 2009, S. 47).

Die Sichtweisen lassen sich allerdings in der Realität nicht halten – es existieren immer wieder Mischformen. Wittpoth bietet hier die Überlegung bzgl. der gesellschaftlichen Funktionen von Weiterbildung auf Basis einer Analyse von Pierre Bourdieu an, der sich quasi in die Mitte zwischen die vorgenannten Pole (Sichtweisen) setzt – mit einer relativen Autonomie (vgl. Wittpoth 2007, S. 52). Hier zur Klarstellung: Es gilt zwei Funktion des BIS zu unterscheiden – einmal die „technische Reproduktion" und zum anderen die „soziale Reproduktion".

**Die technische Reproduktion** (TR) – diese entspricht in etwa dem, was von dem BIS erwartet wird: dem Menschen ein bestimmtes Wissen und Orientierung zu vermitteln, um damit den Bestand an Arbeitskraft immer wieder neu zu formen. Auch kulturelles Kapital wird dadurch geschaffen. Aufgrund eben des technologischen Wandels etc. sind aufwendige Qualifizierungsprozesse notwendig, um die Funktionsfähigkeit des ökonomischen Systems zu erhalten/zu steigern (vgl. ebenda, S. 53; vgl. Schmitz 1978, S: 31f).

**Die soziale Reproduktion** (SR) – das BIS hat gleichzeitig im Zuge der Modernisierung die Funktion übernommen, die Stellung der Arbeitskräfte bzw. ihrer Gruppen in der Sozialstruktur zu reproduzieren. WICHTIG ist die Sichtweise des „REPRODUZIE-RENS", denn die soziale Stellung wird weniger erzeugt, als vielmehr über Generationsgrenzen hin erhalten. An die Stelle der vererbten sozialen Position/Stellung in einer ständischen Gesellschaft ist eine über das BIS vermittelte getreten. So wie Kinder aus bestimmten sozialen Milieus sich als Erwachsene – in aller Regel – in ihrem Herkunftsmilieu bzw. nicht weit davon entfernt wiederfinden. Dies liegt vor allem daran, dass es einer besonderen Kompetenz und ökonomischer Macht bedarf, um das BIS im eigenen Sinne optimal zu nutzen (vgl. ebenda; vgl. Schmitz 1978, S: 37f). Die soziale Stellung ist also in unserem Gesellschaftssystem mit langjähriger Schulbildung nicht mehr direkte Folge eines Geburtenprivilegs, sondern erscheint als Ergebnis einer schulisch und kulturell attestierten (IN-)Kompetenz. Folglich vererbt die jeweilige Gruppe ihre Position nicht immer verdeckt durch die Weitergabe ihr Bildungskapital, sondern erst durch die strategische Nutzung ihres Vermögens wird dies möglich (vgl. Baethge / Brunke / Wieck 2010, S. 162).

Und dieses Ergebnis wird weitestgehend von der Gesellschaft anerkannt. Die SR erfüllt sich im BIS dadurch, dass "sie" Titel vergibt, die einen universellen und relativ zeitlosen Wert haben. „Jeder kann aufsteigen, wenn er sich selber anstrengt" (Schmitz 1978, S.

38). **Genau hier hat das SR sein Monopol** – denn technische Reproduktionen können an beliebigen Stellen vermittelt werden. In der Interaktion mit Arbeitgebern haben Arbeitnehmer umso höhere Chancen/Macht, je umfangreicher ihr Bildungskapital (TITEL) ist. Ein innerbetrieblicher Titel wie „Betriebs-Ingenieur" gilt eben nur für die Firma, wo der Mitarbeiter beschäftigt ist – bei einem neuen Arbeitgeber ist dieser im Vergleich zu einem Kollegen mit Ingenieur-Studium unterlegen (vgl. Wittpoth 2007, S. 54; vgl. Schmitz 1978, S. 154f).

Geißler führt ähnliches an:

„Es ist ein häufig belegbarer Sachverhalt, daß [sic] die betriebliche Weiterbildung zu Qualifikationen führt, die außerhalb eines bestimmten Betriebes überhaupt nicht verwertbar (da zu spezifisch) sind. Dort aber, wo die Qualifikationen eventuell die Mobilität der Arbeitnehmer stärken könnten, gibt es häufig vertragliche Bindungen und moralische Verpflichtungen, die eingegangen werden müssen und die diese Mobilitätsmöglichkeiten einschränken. Zusätzlich einengend wirkt sich aus, daß [sic] – falls überhaupt bei solchen Weiterbildungsinitiativen betriebsspezifische Titel verliehen werden – diese in starkem Umfang verknappt werden" (Geißler 1998, Abs. 4).

Es bleibt – je höher eine Stelle mit einem Titel kodifiziert ist, desto höher ist das Bildungskapital – oder simpel gesagt, umso höher ist / sind die Position und das Gehalt. Hieraus resultiert ein Spannungsfeld. Titelinhaber (Arbeitnehmer) und Stellengeber (Arbeitgeber) versuchen idealerweise ihre Interessen zu verhandeln. Für den Arbeitgeber wäre es ideal, wenn er die Qualifikation eines Titelträgers erhalten könnte, ohne für den Titel zu bezahlen (vgl. Wittpoth 2007, S.54f). Aber – und hier liegt die Ambivalenz bzw. wiederum die Macht der SR – „man" kann nicht unbedingt das angreifen, was man selber fördert, nämlich die Bildungsinteressen seitens BES. Es würde somit ein wichtiges Instrument der Legitimation von Führungspositionen wie auch die verschleierte Übertragung von Bildungschancen unter erheblichen Druck geraten – ja weiter noch, es hätte erheblichen gesellschaftlichen Wandel auszuhalten. Gleiches gilt bzgl. der kulturellen Kompetenz – der Wert macht sich bemerkbar eben in Führungspositionen in der gesellschaftlichen Hierarchie durch Zuweisung von Lebenschancen, weil sie (die SR) das Prinzip der Klassenkooptation[24] verdeckt und vorherrschende Rekrutierungspraxis legitimiert (vgl. ebenda).

„Berufliche Weiterbildung ist in diesem Sinne also auch eine Legitimationsinstanz, die geeignet ist (...), die Vorstellung von der ‚offenen Leistungsgesellschaft' zu bestärken" (Schmitz 1978, S. 38). Allerdings gerät die SR mit sich selber öfters in Widerspruch,

---

[24] Kooptation = Nachträgliche Hinzuwahl neuer Mitglieder.

weshalb es zu Regulationen in Überfüllungskrisen[25] kommt. Schmitz beschreibt die Situation wie folgt: „...dass dem Interesse der Beschäftigten ein betontes Interesse der betrieblichen Personalpolitik gegenüber steht, diese Aufstiegsprozesse zu kontrollieren" (Schmitz, 1978, S. 154). Demnach ist die Teilnahme an Aufstiegsfortbildung/Weiterbildung die Legitimation für Führungsaufgaben. Sie sind jedoch mitnichten sofort verbunden mit Führungsaufgaben bzw. einer leitenden Stelle. Ich will dies anhand eines Selektionsprozesses (genaue Sicht s. Anhang 4 Auswahlverfahren) von Führungsnachwuchskräften eines Weltkonzerns aufzeigen. Ersichtlich ist in dieser Darstellung, dass Bildungserfolge (Inclusion) eben nicht allein ausreichend sind, um „(s)eine" FK-Leistungsrolle wahrnehmen zu dürfen, sondern dass sich quasi „Aufstiegs- und Weiterbildungswarteschlangen" auftun (Inclusion vs. Deinclusion). Der o.g. Sachverhalt soll durch nachstehendes Schaubild in einer vereinfachten Form bzgl. Aufstiegsprozesse erläutert werden (Der Begriff „Pipe" bezeichnet hier die Menge der Mitarbeiter, die einen Aufstieg „wagen").

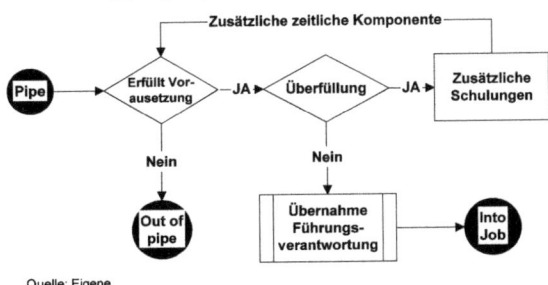

Quelle: Eigene

Abbildung 3: Regulationsfunktion bei Überfüllungskrise

Deinclusion (also zusätzliche Schulung trotz „Titel") setzt letzthin dann an, wenn die Anzahl der zu besetzenden Stellen geringer ist, als die Anzahl der dafür legitimierten Personen – hier wird dann über eine Regulationsfunktion wiederum der Zugang zur Leistungsrolle erschwert – insofern ist diese Funktion umso stärker – je besser sie den Zugang kontrolliert. Ein Scheitern in diesem Zyklus wird von vielen Mitarbeitern allerdings akzeptiert, demnach sie sich schon damit begnügen, eben zu denjenigen gehört zu haben, die in die engere Auswahl kamen (vgl. Wittpoth 2007, S. 39f).

Deshalb scheint Lernen (lebenslang) als Norm akzeptiert und der Mitarbeiter ist der Weiterbildung „ausgeliefert" – er kann dies als einen Zwang oder als eine Ermöglichung resp. als eine Chance ansehen, je nach eigener Verfasstheit.

---

[25] Es sind mehr geeignete Bewerber vorhanden als Stellen.

16

# 3. Lebenslanges Lernen

„Die Weiterbildung stellt ein wesentliches Element im Prozess des Lebenslangen Lernens (LLL) dar. Das Sprichwort ‚Was Hänschen nicht lernt, lernt Hans nimmermehr' ist heute nicht mehr allgemein gültig. Lernen hört nach Schule, Ausbildung oder Studium nicht auf, denn Lernen findet täglich statt. Es ist das wesentliche Werkzeug zum Erlangen von Bildung und damit für die Gestaltung und den Erhalt individueller Lebens- und Arbeitschancen unabdingbar" (DESTATIS 2010).

**Wie** Erwachsene[26] lernen, kann bis dato nicht geklärt werden. Auch warum einige Erwachsene große Anstrengungen aufbringen und ihre Kräfte entfalten, während andere zurückhaltend sind resp. schnell aufgeben, unabhängig von deren motivationaler Verfasstheit, ist nicht ersichtlich (vgl. Kidd 1979, S. 12). „Jedoch scheinen menschliche Wesen das Lernen zu suchen; Lernen scheint Bedingung für den gesunden Organismus zu sein. Das Ziel ist, ein Klima von Freiheit und Selbstdisziplin zu schaffen" (ebenda, S. 13). Rogers beschreibt diese Form des Lernens als ein Grundkonzept – als eine Aktualisierungstendenz. „Es wird hypostasiert, daß [sic] der Mensch ebenso wie jeder andere lebende Organismus...eine inhärente Tendenz zur Entfaltung aller Kräfte besitzt, die der Erhaltung oder dem Wachstum dienen" (Rogers 1997, S. 41). Arnold et al. (2008) führen ähnliches an: „Eines dürfte doch klar sein (...), die Fähigkeit zu lernen hört nicht irgendwann im Leben auf. Sie ist Teil des menschlichen Daseins" (Arnold et al. 2008, S. 23f).

## 3.1 Ein Mythos

Häufig wird aus dem Bereich der Alltagspsychologie angebracht, dass mit fortschreitendem Lebensalter die Lernfähigkeit abnimmt. In dem Zusammenhang wird oft von der „Adoleszenz–Maximum–Kurve" gesprochen und diese als „Beweis" angeführt.

Vorweg noch eine Definition: „Die Adoleszenz ist pädagogisch bedeutsam hinsichtlich der zunehmenden Stabilisierung des Selbstkonzeptes, der sozialen Identität und gesellschaftlicher Orientierung des Jugendlichen" (vgl. Schaub/Zenke 1995, S.14). Das Defizit-Modell (u. a. Psychologie des Alterns), dem dieser Name „Adoleszenz–Maximum–Kurve" zugrunde liegt, wurde von Thorndike in den 20er Jahren des letzten Jahrhunderts aufgrund von Forschungen auf dem Sektor Erwachsenenbildung entwickelt (vgl. Häcker/Stapf 2004, S. 752; vgl. Siebert/Seidel 2006, S. 19f). Es zeigt, dass

---

[26] Der Fokus in dieser Arbeit liegt primär auf „Lernen im Erwachsenalter", wobei sicherlich die Ergebnisse von älteren Jugendlichen zum Teil rezipiert werden könnten.

nachdem das Maximum eines Potentials (i.S.v. 20-30 Lebensjahr) erreicht wurde, eine stete lineare Abnahme von Leistung/Produktivität/Lernvermögen gegeben sein soll.

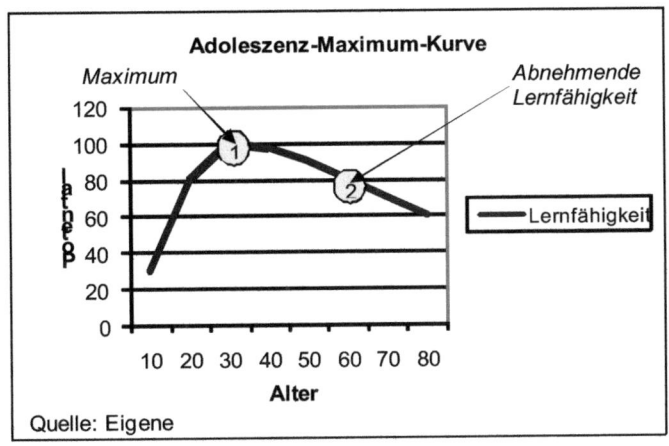

Abbildung 4: Adoleszenz-Maximum-Kurve

Im o. g. skizzierten Kurvenverlauf scheint ersichtlich, dass im Punkt 1 eine höhere Lernfähigkeit besteht als in Punkt 2 – also ein 30jähriger Mensch einen besseren Wert z. B. in einem Lerntest erzielt als ein Mensch mit 60 Jahren (z. B. Wechsler-Intelligenztest; (vgl. Siebert/Seidel 2006, S 43)). Diese Leitlinie ist nur pauschal anzuerkennen und bzgl. Lernvermögen so nicht haltbar (vgl. ebenda). Weiterhin wird von Siebert/Seidel konstatiert, dass die landläufige Rezeption dieser Kurve im Lernalltag so von Thorndike nicht i. S. eines Forschungsergebnisses gegeben wurde (vgl. Siebert/Seidel 2006, S. 20).

Kidd (1979) weist in seinem Klassiker[27] „Wie Erwachsene lernen" eben auf diesen Sachverhalt hin – in diesem Buch wird Thorndike zitiert: "Es gab noch nie eine ausführliche systematische Untersuchung, um herauszufinden, ob und in welchem Ausmaß... die Jugend auf die Lernfähigkeit einen natürlichen Vorzug vor dem Alter zwischen zwanzig und vierzig haben". Kidd führt hierzu weiter die Gedanken, dass „...wir nicht das Alter von fünfundvierzig als Höhepunkt annehmen, sondern vielleicht das Alter von fünfundsiebzig, oder welches Alter auch immer die Vollendung eines gesunden Orga-

---

[27] Tietgens vergab dieses Attribut in Vorbemerkungen zu dem Buch, S. 9

nismus anzeigt" (Kidd 1979, S. 22f)[28]. Den **Schulterschluss** mit dem Einführungsabsatz in diesem Kapitel führen Siebert/Seidel herbei mit der Feststellung, dass „Was Hänschen nicht lernt, lernt Hans nimmermehr" somit dem Bereich der Mythen und sonstiger didaktischer Fehlleistungen in der Erziehung zuzuordnen ist (vgl. Siebert/Seidel 2006 S. 19f).

### 3.2 Begriffsbestimmungen[29]

Interessant ist in diesem Zusammenhang, wie auch Kidd anmerkte, dass Lernen das Ergebnis von Beobachtung, Erfahrung oder Unterricht ist (vgl. Kidd 1979, S. 13). Interdisziplinär betrachtet leisten nachfolgende Definitionen intentional wohl Gleiches:

Lernen wird definiert:

- In der Pädagogik: „...Lernen [ist]eine Veränderung im Erleben und Verhalten eines Individuums, die durch wiederholte Erfahrungen in der Interaktion mit der Umwelt zustande kommt." (Schaub/Zenke 2002, S.352)

- In der Psychologie: „Allgemeine, umfassende Bezeichnung für Veränderungen des individuellen Verhaltens auf bestimmte Reize, Signale, Objekte oder Situationen (...). Die vermittelnden Prozesse des Lernens beziehen sich auf Veränderungen der Verhaltensmöglichkeiten oder -bereitschaften und bilden die latente Grundlage für im Situationsbezug manifeste Verhaltens-, Auffassungs- und/oder Denkweisen. Lernen und Gedächtnis stehen in engem Zusammenhang; Lernen bezieht sich auf Verhalten nach Erfahrungen bzw. Übung, Gedächtnis dagegen auf die Prozesse der Einspeicherung von Erfahrungsrepräsentationen und ihren Abruf im Dienst neuer Aufgaben bzw. der Bewältigung von Situationen." (Häcker / Stapf 2004, S. 282)

- In der Neurologie und Biologie (Hirnforschung, Frauenhofer Institut): „Eine individuelle Anpassung an spezifische Umgebungsbedingungen erfolgt durch Lernen. Hierdurch wird es dem Organismus ermöglicht, aufgrund früherer individueller Erfahrung in neuen Situationen angemessen reagieren zu können. Das Lernen ist dabei keineswegs ein einheitliches Phänomen; es kann vielmehr in unterschiedlichsten Formen und auf verschiedenen Mechanismen beruhen (...), die für unterschiedliche Lernformen im Nervensystem verantwortlich sind" (Colo/Cristaller/Pöppel 1999, S. 42).

---

[28] Allerdings „Beim Altern [nimmt] die Leistung des Gehirns bei der Wahrnehmung ab, weil große Gehirnregionen nicht mehr richtig miteinander in Verbindung stehen. So erklären Wissenschaftler der Harvard-Universität die abnehmende mentale Leistungsfähigkeit älterer Menschen. Diese gestörte Kommunikation zwischen den einzelnen Hirnregionen tritt auch beim natürlichen Altern und nicht nur bei Krankheiten wie Alzheimer auf, zeigten die Wissenschaftler beim Vergleich von Hirnscans von jungen und älteren Probanden."URL: http://www.wissenschaft.de/wissenschaft/news/286229.html, [Stand 2011-01-10]
[29] Für das weitere Verständnis meiner Arbeit und deren Schlussfolgerungen werden nachfolgend die Begriffe „Erwachsenen-Lernen" resp." Lernen" erklärt, soweit hierfür „Definitionen" vorliegen. Wissenschaftliche Ausarbeitungen (wie auch diese) haben die Tendenz (und sind per se verpflichtet), Unbestimmtheit und Vagheit von Begriffen weitestgehend zu erklären – deshalb nachstehend die Begrifflichkeit selbiger.

Das „Erwachsenen-Lernen", ob intentional oder ohne bewussten Vorsatz (nebenbei), unterscheidet sich logischerweise von Erziehung, da Erziehung (ausgeführt von Dritten) geplantes Lernen ist, also weder bewusste Planung noch Organisation des Lerners voraussetzt. Erwachsenen-Lernen ist aus sich heraus „aktiv". Maslow, Herzberg, Levin, Rogers, Schein, Comelli & Rosenstiel, Deci & Ryan, Zimbardo, Nerdinger & Co. – alle sie führen weitestgehend aus, dass Lernen selber ein ursächliches Motiv unseres Seins in der Sozialisation darstellt (vgl. auch Rosenstiel v. 2007, S. 208).

### 3.3 Zwang oder Ermöglichung[30]

„Lernen im Erwachsenenalter hat durch die aktuellen Entwicklungen in Wirtschaft und Gesellschaft an Bedeutung gewonnen. Die tiefgreifende ökonomische Krise, die zunehmende Wissensbasierung aller Lebensbereiche und die voranschreitende Alterung von Bevölkerung und Arbeitskräftepotenzial sind europaweit wirkende Entwicklungstendenzen, die die Organisation von Lernprozessen im Erwachsenenalter vor immer neue Herausforderungen stellen. Zudem wird Weiterbildung – insbesondere die berufliche, die den Hauptteil des gesamten Weiterbildungsvolumens ausmacht – zunehmend zum Faktor im internationalen Wettbewerb von Unternehmen und Volkswirtschaften und gewinnt auch für die individuelle berufliche Mobilität und Behauptung am Arbeitsmarkt weiter an Bedeutung." (Bildungsbericht 2010, S. 135)

Gerade letzter Halbsatz zeigt aktuell die Diskussion um „Employability" auf – gemeint ist die berufliche Mobilität (i. S. v. Umorientierung) und Behauptung des Einzelnen – also das, was Arnolds Werke wie ein roter Faden durchzieht – das individuumzentrierte Wort „aushalten".

Eine Erläuterung von Rump/Eilers (2005) zu „Mobilität und Behauptung" hierzu lautet sinngemäß, dass Employability die Fähigkeit ist, fachliche, soziale und methodische Kompetenzen unter sich wandelnden Rahmenbedingungen zielgerichtet und eigenverantwortlich anzupassen, um eine Beschäftigung zu erlangen oder zu erhalten.

Damit wird deutlich, dass Employability auch die persönliche Verfasstheit umfasst. Employability wird öfters auch synonym mit Beschäftigungsfähigkeit sowie Arbeitsmarktfähigkeit, Berufsbefähigung und Arbeitsmarktfitness verwendet (vgl. Rump/Eilers 2005, S. 47). Zur Förderung von Employability reichen Einzelaktivitäten – weder seitens des Arbeitnehmers noch des Arbeitgebers – nicht aus.

---

[30] Die Begriffsbestimmung und Prinzipien-Klärung von Ermöglichung bzw. „Ermöglichen" ist eine von I. Schüßler definierte Form und ein Begriff der Didaktik, die die „Kaiserslauterner Schule" mitgeprägt hat (vgl. Arnold, Arnold-Haecky 2009, S. 174f).

„Es genügt nicht, dass allein Maßnahmen ein gemeinsames Ziel haben. Sondern es ist vermehrt notwendig, dass alle relevanten Unternehmensfelder einbezogen werden, die Aktivitäten zur Steigerung der Beschäftigungsfähigkeit aufeinander abgestimmt und miteinander verknüpft sind, sowie Wechselwirkungen berücksichtigt werden. Die Sozialisation und Entwicklung von Employability setzen somit ein Unternehmenskonzept voraus" (vgl. Rump / Schmidt S. 245).

Die gesellschaftlichen Veränderungen[31] (Dynamisierung) haben letzthin einen dominanten Einfluss auf das Lernverhalten des Einzelnen – und sicher auch auf die Lehrenden (i. S. einer Herausforderung des didaktischen Handelns, des Medien- und Methodeneinsatzes), denn die Veralterung des Wissens scheint sich quasi exponentiell zu beschleunigen.

Das Lehr-/Lernangebot (Kundenorientierung, Marktorientierung) versucht sich diesem Zeitgeist anzupassen. Es zwingt/erlaubt den/dem einzelnen Erwachsenen, sich **unumgänglich dahingehend viabel** zu verhalten – so auch in seiner Wertvorstellung, Anpassungsleistung und somit seinem Auftritt und seinen Forderungen an Weiterbildungseinrichtungen; und es ist dem Unternehmen nicht mehr (über-)belassen permanent reaktiv zu handeln, sondern dieses muss sich quasi selber am Markt als „learning organization" positionieren (s. hierzu Kapitel 3.4).

„Lebenslanges Lernen" i. S. v. beruflicher Weiterbildung ist nicht nur abhängig vom „Zugang" zu Bildungseinrichtungen, sondern auch von der Ermöglichung seitens des Arbeitgebers (Kostenübernahme, Freistellung etc.). Weiterhin ist die motivationale Grundstimmung der Mitarbeiter ein nicht zu unterschätzendes Element (s. Anhang 5). Bezogen beispielsweise auf Studiengänge (wie auch dieses Masterstudium) hat die Selbstsicherheit der Lernenden in den letzten 30 Jahren zugenommen. Studierende „trauen" sich, zu kommunizieren was sie lernen (selektiv: werden und wollen) – und Siebert erklärt hierzu: „Konstruktivistisch betrachtet ist das Studium ein autopoietischer, selbstreferentieller, selbstgesteuerter Prozess. Studierende lernen das, was ihnen anschlussfähig, relevant und viabel (d. h. passend, brauchbar) erscheint" (Siebert, 1997, S. 50; vgl. Dohmen 2001, S.7 zit. nach Arnold 2009, S. 19).

---

[31] Gesellschaftliche Veränderungen machen die ökonomischen, technologischen, rechtlichen und (gesellschafts-)politischen Entwicklungen aus, die eben Einfluss nahmen (und nehmen) auf Parteien, Kirche, Vereine, Unternehmen, Mitarbeiter und andere Marktteilnehmer – wie Universitäten u. a. Bildungseinrichtungen wie VHS etc.

Ein kurzer „Side-Step" (noch) zu dem Begriff „Autopoietisches System":

„Die epistemische Konstruktion unserer Wirklichkeit erfolgt nicht nach dem Maßstab der ontologischen Wirklichkeit, sondern nach dem der Viabilität … Im radikalen Konstruktivismus besteht die Auffassung, dass die Wirklichkeit ‚erfunden' wird. Jeder macht sich sein eigenes Bild von dem, was er ‚wirklich' (k)nennt (vgl. Glasersfeld v. 2009, S. 31f). Jede Wahrnehmung ist somit subjektiv. Im Konstruktivismus wird die Autonomie gegenüber der Umwelt betont, nicht determiniert, wohl aber pertubiert (vgl. Maturana/Varela 1984, S. 55). Das Individuum ist selbstorganisiert und autonom (selbstreferenziell). Autopoietische Systeme benötigen ihre Umwelt letzthin nur zur Aufrechterhaltung ihrer selbst. Eben dieser Autonomieansatz bringt zu Tage, dass ein Individuum nur begrenzt von außen steuerbar ist …" (Marek 2010, S. 24f).

Der Weiterbildungsmarkt hat sich diesem „Lebenslangen Lernen" gestellt. Jedoch der Einzelne, der Lerner, der Mitarbeiter – stellt er sich der Situation? Will „er" oder muss „er" sich einbringen resp. kann „er" widerstehen, in seiner scheinbar diktierten lebensweltlichen Sicht?

Hier stellt sich die Frage nach dem „Zwang oder der Notwendigkeit (i. S. v. – Chancenwahrnehmung). Wie oben angeführt sind primär motivationale (und volitionale) Faktoren und Einsichten (Arbeitgeber und Arbeitnehmer) notwendig.

Siebert (1997) argumentiert (und dies sind die Veränderungen, die Lernen bedeuten [vgl. Kidd 1997, S.14]), dass diese Faktoren im sozialen Wandel, in der jeweiligen Mentalität, im Arbeitsmarkt, im technologischen Fortschritt mehrheitlich liegen und in der Veralterung von Wissen begründet sind (vgl. auch Siebert 1997, S. 53). Doch vorweg zum Begriff „Motiv" – dieser wurzelt etymologisch im lateinischen Infinitiv „movere" = bewegen, anregen, antreiben.

Motiv ist die „…Allgemeine Bezeichnung für mehr oder minder bewußte [sic] und komplexe Beweggründe des menschlichen Verhaltens, die sich in gedanklichen Vorwegnahmen eines angestrebten Zielzustandes bzw. Veränderungserwartungen in bezug auf bestimmte Situationen äußern. M[otive]. sind eingebettet in kognitive und emotionale Prozesse und von relativ überdauernden Einstellungen bzw. Wertmaßstäben überlagert. Prozesse der Aktualisierung von M[otiven] und ihre Umsetzung in Handlungen werden als Motivation bezeichnet"(Häcker/Stapf 2004, S. 303).

Weiterbildung ist i. d. R. ein **sekundäres Motiv, das durch Sozialisation** und kulturelle Einflüsse gezielt gefördert oder unterdrückt wird (vgl. Wunderer/Küpers 2003, S. 58; 262f). deswegen gilt es, unter dem „Zwang" zu lebenslangem Lernen, dass Weiterbildung gleich Lernen im jeweiligen Umfeld bedeutet.

Eine (nicht abschließende) Übersicht von Einflüssen, die relevant sind für mögliche Motive und die Motivation des Mitarbeiters selber:

- Zum Beispiel das Motiv „am Ball bleiben", – inwieweit ist der Teilnehmer in der Gruppe sozialisiert, hat er Angst hat vor der Gruppe etc.,
- oder Arbeitsplatzangst – als Eingangsfaktor hinsichtlich seiner Teilnahme an der Maßnahme,
- braucht „er / sie" dieses Wissen überhaupt – ist eine Anschlussfähigkeit gegeben, inwieweit ist er unterfordert, kann er dieses Wissen überhaupt anwenden etc. – persönliche Nutzengesichtspunkte,
- findet der Kurs in der relevanten Arbeitszeit statt (tagsüber) und wie sieht es mit seiner Arbeitslast aus – bleibt seine Arbeit liegen und muss er diese dann nacharbeiten (Mehrarbeit?),
- inwieweit findet der Kurs vor Ort statt – oder muss/darf er eventuell reisen/übernachten etc. Dies kann zu Umständen führen, die sich (z. B. bei einer allein erziehenden Mutter) als negativer Faktor auf die Motivation auswirken etc. und
- eventuell der Aspekt, der zum WB-Motiv unterstützend wirkt, falls der WB-Teilnehmer gerne über Nacht mit anderen Kollegen weg sein möchte und die Abende gerne mal mit Ihnen verbringt.

Wie für das Individuum, also den Mitarbeiter einer Unternehmung die Weiterbildung „lebensnotwendig" scheint/ist, so ist dies auch für eine Unternehmung im Sinne von Anpassung an resp. sogar Beeinflussung der Gegebenheiten des Marktes. Ein zutreffender Satz im Sinne der Ermöglichung ist von Arnold (2006) definiert:

„Wie können die Kompetenzen der Mitarbeiter einerseits so gefördert werden und gestärkt werden, dass diese den Organisationsrahmen nutzen, ausgestalten und weiterentwickeln können? Und wie können die Arbeitsplätze, die Kooperationsformen, Strukturen und Abläufe andererseits so organisiert werden, dass Arbeit ein kontinuierliches Lernen erlaubt und auch die Organisation selbst lernt, d. h. sich wandeln und verändern kann?" (Arnold 2006, zit. nach Marek 2009, S.37).

Dieser Satz ist eine der grundlegenden Forschungsfragen für „organisationales Lernen" (s. hierzu auch Anhang 9).

## 3.4 Organisationales Lernen

Internationalität und Globalisierung der Märkte stellen die Unternehmen vor verschärfte Wettbewerbssituationen. Hierbei besteht die Überlegung, dass „man" nicht nur dem Konkurrenzdruck aus Billiglohnländern standhalten muss, sondern seine Wettbewerbschancen in der Produktüberlegenheit, der Qualität des Produktes, der Lieferfähigkeit und den maßgeschneiderten Lösungen suchen muss – dies ausgerichtet an der Zufriedenheit des Kunden – die Organisation muss also „Lernen", mit solchen Veränderungen adäquat umzugehen.

Dietrich und Herr (2004, S. 27) geben zu bedenken, dass Lernkulturen, ausgehend von Veränderungsprozessen, selber einen Prozess der Lernveränderung in Gang setzen – so lauten ihre Forderungen sinngemäß, dass in der Diskussion um die „lernende Organisation" Veränderungen in Organisationen – sofern sie bewusst vollzogen werden – als Lernprozesse verstanden werden. Die derzeit theoriegeleitenden Ansätze **begreifen** „organisationales Lernen" **als einen sozialen Prozess**, in dem Veränderungen mittels Informationen, Ideen und Erfahrungen gemeinsam verarbeitet und die Ergebnisse evaluiert werden (vgl. ebenda). „Durch diese soziale Interaktion und Aushandlung entstehen in der Organisation kollektive Kenntnisse und Kompetenzen, die in unterschiedlichen Formen gespeichert werden: in der Kultur, in den Strukturen, in den Abläufen und Routinen.

Damit also eine Organisation als System lernen kann, braucht es einen Prozess:

- in dem vorhandenes individuelles Wissen und Können ausgetauscht wird,
- in dem neue Kenntnisse, Kompetenzen und Wissen aufgenommen und explizit gemacht werden und
- in dem eine gemeinsame Verankerung oder Speicherung desselben stattfindet." (ebenda) und eine unterstützende Technologie durch neue mediale Formen.

Gerade neue Medien verändern doch „organisationales Lernen" radikal durch Geschwindigkeit, Vernetzungsgrad und Wirkung der Kommunikation (vgl. Buhse, Stamer 2008, S. 168).

Die vorseitig angeführte Definition von Arnold (S. 23), in Verbindung mit den vorhergehenden Sätzen, bedeutet, dass prinzipiell die Lernende Organisation[32] die Vorausset-

---

[32] Wöhe (1986) definiert Organisation aus Sicht der Betriebswirtschaftslehre wie folgt:„… verstehen wir einerseits den Prozess der Entwicklung dieser Ordnung aller betrieblichen Tätigkeiten (Strukturierung) und andrerseits das Ergebnis dieses gestalterischen Prozesses, d. h. die Gesamtheit aller Regelungen, deren sich die Betriebsleitung und die ihr untergeordneten Organe bedienen…" (Wöhe 1986, S. 153f).

zung dafür schaffen muss, dass Ziele, Leistungen, Strukturen und Außenbeziehungen ständig überprüft und immer wieder neu, aktiv und kreativ dem ständigen Wandel angepasst werden und damit das Überleben der Unternehmung sichern – dies muss permanent über das **Prinzip der kontinuierlichen Rückmeldungen** erfolgen (vgl. Arnold 2006, S. 7f). In diesem lernreflexiven Prozess (vgl. auch Arnold 2009, S. 12) existieren in sich verwobene Aktionen wie:

1. Erheben, Diagnose, Hypothese,
2. Zielsetzung und Planung,
3. Interventionen und Durchführung und
4. Überprüfen und Korrektur.

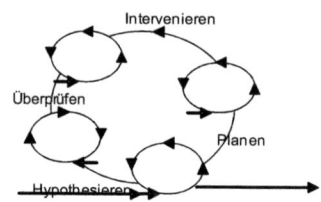

Quelle: Königswieser / Hillebrand 2008, S. 46f

Abbildung 5: Systemische Schleife

O. g. Schaubild soll verdeutlichen, dass hier ein dynamischer Prozess vorliegt – quasi eine systemische Schleife (so von Dietrich und Herr gefordert) – und somit eine systemisch fraktale[33] Sicht – anzeigt scheint (vgl. Marek 2009, S. 46-48). Jede dieser „Schleifen" ist unterlegt mit einem Prozessschema – wie u. a. Abbildung deutlich machen soll:

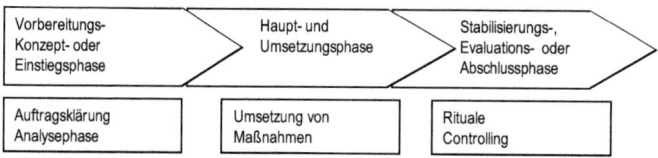

Quelle: Eigene

Abbildung 6: Projektphasen

Es sind die Organisations- und Personalentwicklungsprozesse der Organisation so zu konfigurieren, dass sie den Veränderungsprozess begleiten. Letzthin werden die Veränderungen in und um die Organisation von Mitarbeitern erledigt – das „Wie" steht

---

[33] Eine detaillierte und wissenschaftliche Darstellung „Was sind Fraktale" usw. ist auf der Internetseite „Welt der Physik" URL: http://www.weltderphysik.de/, [Stand 2011-01-10] in Deutsch enthalten. Ansonsten verweise ich auf https://researcher.ibm.com/researcher/view_project.php?id=1753 – hier sind wirklich alle Ergebnisse von Prof. Dr. Benoît Mandelbrot bzgl. Fraktale im Zugriff (er war Fellow in IBM Research & Lab)!

meist außer Frage, aber auch das „Warum" sollte an sich klar den Mitarbeitern im Vorfeld kommuniziert werden (i. S. v. Umgang mit Widerständen).

Die Interdependenzen einer Organisation sind nachstehend in einem Schaubild kurz aufgezeigt. Sie zeigen die Vernetzung des autopoietischen Systems „Organisation" auf, das primär pertubiert wird durch Einflüsse von außen – im Rahmen des Austauschs.

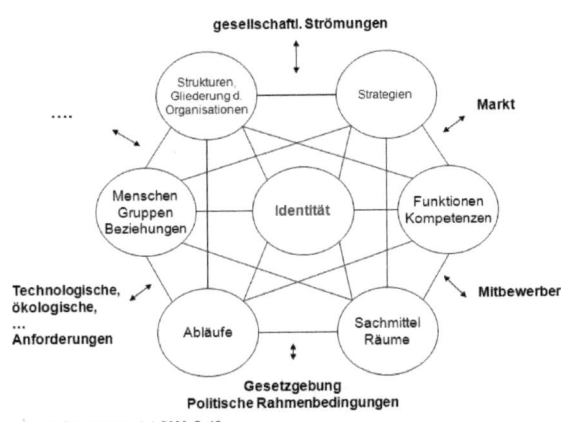

Quelle: Baumgartner et al, 2000, S. 48

Abbildung 7: Interdependenzen einer Organisation

Es steht und fällt (meist) der Erfolg des Veränderungsprozesses mit dem Menschen – dem Mitarbeiter. Wie Wittpoth aufzeigt – es führt an dem motivierten Mitarbeiter „kein Weg vorbei". Das leitende Paradigma scheint/soll hier ein „Mehr" an Selbstbestimmung des Einzelnen statt Fremdbestimmung sein. Menschen sollen nicht länger als austauschbare Funktionsträger anzusehen sein, sondern sind ganzheitlich als Einzelpersonen zu verstehen. Es geht um persönliches Wachstum, effektive Kommunikation, Motivation und Überzeugung. Dieser Paradigmenwechsel setzt den Grundstein auf „es soll Vertrauen werden", der quasi als Katalysator für Humanität und Effizienz gilt. Sicherlich kann hier dem Gedanke einer Verzweckung des Menschen nicht grundsätzlich widersprochen werden. Doch wie in jeder Austauschbeziehung (hier Arbeit, da Geld) ist ein Geben und Nehmen der Dreh-und Angelpunkt. Doch je stärker die motivationale Bindung und der emotionale Antrieb, desto weniger muss man (sprich durch Führungskräfte) diese durch äußere Kontrolle bändigen. Die Fremdbestimmung wird somit reduziert und zugunsten von Selbstbestimmung werden innovative Potentiale des menschlichen Umgangs freigesetzt.

Der wichtigste Faktor, um dieses Potential des permanenten Schöpfungsprozesses optimal zu heben, ist die Motivation[34] des Einzelnen (vgl. auch Wittpoth 2003, 128f).

### 3.5 Exkurs in die Praxis

Gerade im Projektgeschäft von Groß-Unternehmen muss Organisations- und Personalentwicklung verschränkt sein. Am Beispiel von IBM[35] unter den vorgenannten Aspekten aufgezeigt, werden nachstehende Fragen aufgeworfen:

- Wie entwickeln sich die Kunden der IBM weiter?
- Welchen Bedarf haben die Kunden?
- Was daraus ist explizit IT-Business?
- Wie kann das Business „gehoben" werden i. S. v. Umsatz für IBM?

Beispiel: Wenn z. B. eine Bank (als Kunde der IBM) ihr Investments Business – somit auch ihre Non-Stop-IT-Systeme der Broker[36] – verlagert in ein Nicht-EU-Land, dann sind nicht nur Prozesse, Investitionen, rechtliche Aspekte etc. zu handhaben, sondern auch IT-Mitarbeiter in dem Land zu schulen (falls vorhanden). Unabhängig von dem eigentlichen Projekt der „Verlagerung" – welches „Know How" wird vor Ort benötigt, welchen zeitlichen Vorlauf hat das Projekt? In so einem komplexen Projekt wird offensichtlich ein Bildungsbudget in den Projektkosten eingestellt. Aber wie verhält es sich mit dem Bildungsbudget pro Abteilung, pro Firma per Land und dann global als solches? Ist pro Mitarbeiter jedes Mal ein Kostenblock von der Führungskraft zu ermitteln bzw. ausgehend von den Personalentwicklungsplänen des einzelnen Mitarbeiters ein Schulungsbudget zu beantragen? Hier hat IBM bereits Prozesse (z. B. Employability, s. Anhang 6), Personalentwickler und Organisationsentwickler, Gremien etc. in der jeweiligen Ablauf- und Aufbauorganisation mit „eingebaut".

Ist vorgenanntes Beispiel „die" signifikante Ausprägung einer Lernenden Organisation? Sicherlich – doch das ist bereits „Gelerntes", es ist stressfrei „automatisiert" und

---

[34] Durch extrinsische und intrinsische Motive werden hier Prozesse der Fremdsteuerung (bspw. durch bedürfnisbefriedigende Optionen wie Gehalt, Sicherheit etc.) und Selbststeuerung (Lebensentscheidungen aufgrund von intrinsischen Motiven) in Gang gesetzt (vgl. Wunderer/Küpers 2003). Nach den Modellen von Vroom (VIE - Theorie, Vroom 1964) oder auch von Hackman/Oldham (vgl. Hackman/Oldham 1975, S. 159f.) können der Motivation differenzierte Stärken zugeordnet werden, die sich über Erwartungen, Bedürfniskategorien (subjektive Wertigkeiten), sowie kognitive und emotionale Verhaltensbedingungen bestimmen lassen. In der Arbeits- und Organisationspsychologie sind mehrere sehr unterschiedliche Theorien zur Motivation erstellt worden.

[35] Aktuelle Zahlen, Fakten und Daten unter URL: http://www.ibm.com/investor/, [Stand 2011-01-10].

[36] Die Händler benötigen IT-Systeme, die 7 Tage 24 Stunden ohne Ausfall laufen müssen. Die Märkte (Börsen) sind vernetzt und Derivate, Aktien etc. werden via Blomberg etc. gehandelt. Ein Ausfall von Informationen kann hier aufgrund der „Follow the sun"-Folge (New-York, London, Paris, Tokio etc.) einen erheblichen Verlust für das Unternehmen bedeuten.

bedeutet es aus Sicht der Unternehmung eine gelebte Fertigkeit. Aber organisationales Lernen ist eine Fähigkeit. Eine Lernende Organisation zeichnet sich in diesem Fall dadurch aus, dass Antworten wie auch Fragen existieren, die es erlauben, schnell und sicher auf Veränderungen reagieren zu können. Hierzu gehören, bezogen auf o. g. Beispiel, aktive Wissensbasen und Fragen wie (nicht abschließend bezogen auf das gewählte Beispiel):

- Ist so ein Projekt schon bearbeitet worden, welche Erfahrungen sind dabei gemacht worden und welche Probleme existierten /existierten?
- Welche Lessons learned i. S. v. "was lief gut/was lief schlecht" bestehen, angefangen von der Projektplanung bis hin zur Projektabnahme durch den Kunden?
- Inwieweit gab es durchsetzungsfähiges Project-Sponsoring intern / bei Kunden / bei Partnern?
- Welche Ergebnisse brachten die Project-Reviews aus Sicht der financials, deliverables, customer satisfaction, internal business controls bzgl. compliance?
- Was ist außerordentlich gut gelaufen?
- Sind etwaige Mitarbeiter-Rewards ausgesprochen worden; sind diese Kontaktpersonen noch „greifbar"?
- Inwieweit lassen sich Strukturen aus dem ähnlichen Projekt auf das neue Projekt übertragen?

Dieses o. g. Fallbeispiel und v. g. Fragenkomplex zeigen auf, dass Lernen sich letzthin primär auf Erfahrung bezieht resp. beruft. Lernen erscheint hier reaktiv, aus Sicht des fertigen Projekts aber es ist proaktives Handeln, bezogen auf das neue Projekt. Wenn demgemäß speziell Organisationsentwicklung und/oder Personalentwicklung im Unternehmen integriert (Aufbau- und Ablauforganisation) sind, sollten genau diese die Selbstlernkompetenz der Organisation fördern und unterstützen z.B. mittels eines Balanced Scorecard[37] Verfahrens (vgl. Arnold 2009, S. 42f) – doch erfordert dieses Verfahren gerade in den Anfängen eines ganzheitlichen Projekt-Controllings Unterstützung / Begleitung durch (Prozess) „Coaching", um letzthin organisationales Lernen im o.g. Fall zu ermöglichen.


### 3.6 Coaching

Gemäß Schneider ist Coaching nicht kontextgebunden oder aufgabenzentriert, sondern ist eine Form einer Unterstützungsbeziehung, in der es darum geht, dass die unterstützte Person (Coachee) ihre Möglichkeiten findet und ihre Potentiale entwickelt (vgl. Schneider 2004, Sp. 651f). Fragen sind das probate Mittel für Coaching – somit

---

[37] „…Learning and Growth – the priority to create a climate that's support organizational changes…" (Kaplan / Norton 2001, S. 90)

gilt: „Coaching ist letzthin eine Form der Mäeutik – es ist eine ‚Geburtshilfe‘ für ‚Ziele‘ und deren motivationale Unterfütterung mittels Kommunikation" (Marek 2010, S. 43).

Gruppen- resp. Organisations-Coaching ist eine professionelle managementbezogene Beratung, insbesondere für die Führungskräfte, und zielt auf ein Lernen zur Verbesserung der drei grundlegenden Dimensionen organisationaler Führung. Mit Hilfe von Coaching der Organisationsmitglieder in Gruppen wird über die unten angeführte Abbildung ein Regelkreis (aus implizit wird explizit) sichtbar, der den Erkenntnis- und Erfahrungsaustausch in der Organisation ermöglichen kann, basierend auf den Zielen der Organisationsentwicklung und Personalentwicklung (wirtschaftliche Anpassung an Veränderung) und somit Organisationslernen in Gang gesetzt.

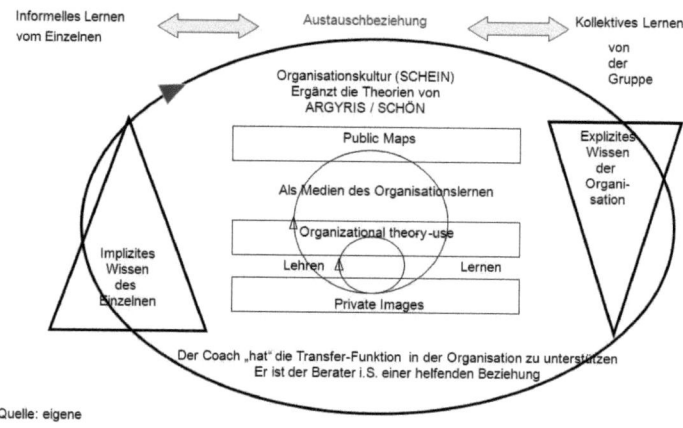

Quelle: eigene

Abbildung 8: Org.-Coaching im Lernprozess

Die Erkenntnis lautet, dass in einer lernenden Organisation die Fähigkeit vorhanden ist/sein muss, eben unter Berücksichtigung der o. g. eigenen Stärken und Schwächen und der Erkenntnisse daraus (Selbst-)Lernprozesse zu initiieren. Dies ist ein elementares Kennzeichen von (Selbst-)Lernkompetenz. Weiterhin schließt die Frage an, ob selbiges nicht oder gerade deswegen beim Individuum zuvorderst vorhanden sein muss, denn o. a. Methode ist von handelnden Menschen für Menschen in Organisationen erdacht. In Bezug gesetzt zu dem Paradigma des Lebenslangen Lernens ist festzuhalten, dass für erwachsene Lerner diese Selbstlernkompetenz eine grundlegende Voraussetzung hinsichtlich eines Konzepts der erfolgreichen Selbststeuerung ist (vgl. Arnold, Gómez-Tutor, Kammerer 2007, S. 7).

## 4. Selbstlernkompetenz

Das Konzept/Modell der Selbstlernkompetenz findet in „selbstgesteuertem Lernen" seine Grundlegung; gilt doch selbstgesteuertes Lernen[38] als **die** Schlüsselqualifikation, „[...] um gesellschaftliche Wandlungsprozesse und Anforderungen der Berufs- und Arbeitswelt lebenslang, kompetent und lernend meistern zu können" (Arnold 2002, S. 5). Nuissl erläutert den Sachverhalt: „Je komplexer die Lerninhalte, desto schwieriger der Weg für die selbstgesteuert Lernenden (...) Gerade bei komplexen Lerninhalten ist der zielgerichtete Umgang mit Informationen eine Schwierigkeit, bei der das Anknüpfen und Einbetten in vorhandene Wissens- und Kompetenzstrukturen eher blinde Flecken als erweiterte Erkenntnisse produzieren kann" (Nuissl von Rhein 2002, S.11).

Nachfolgend werde ich mich aus Gründen der Durchgängigkeit meiner Arbeit zu diesem Studiengang Erwachsenenbildung und (meiner) Sichtweise wie auch der Begrenzung der Arbeit als solcher primär an dem Modell/Konzept und den Überlegungen von Arnold, Gomez-Tutor und Kammerer aus dem Jahr 2007 orientieren.

Im Rahmen eines Forschungsprojektes „Selbstlernfähigkeit, pädagogische Professionalität und Lernkulturwandel", Teilprojekt „Selbstlernkompetenz", haben Arnold, Gómez-Tutor und Kammerer ein Modell bzgl. theoretischer Grundlagen wie auch ein empirisches Design entwickelt, das die (intentionale) Entwicklung von Selbstlernkompetenz der Bildungssituation von Menschen in Lernprozessen hinsichtlich ihrer Selbstlernstrategien zugrunde legt (vgl. Arnold, Gómez-Tutor, Kammerer 2007, S. 7).

Dem Ansatz und der Argumentation dieses Konzeptes folgend ist zuvor eine Verortung der Denkweise von Arnold, Gómez-Tutor und Kammerer hinsichtlich „selbstgesteuerten Lernens" und des zusammengesetzten Kompetenzansatzes notwendig. Denn dieses Modell (und darin inkludierten Hypothesen) geht davon aus, dass für selbstgesteuertes Lernen vor allem die emotionale, die kommunikative und die methodische Kompetenz ausschlaggebend sind (vgl. ebenda, S. 39).

---

[38] Selbstgesteuertes Lernen ist ein aktiver Aneignungsprozess.

## 4.1 Die Verortung

Emotionale Prozesse und kognitive Prozesse sind – so die Annahme – miteinander untrennbar verbunden, also verschränkt. Hinzukommt die Notwendigkeit des Lernens und die Motivation, die die Durchführung der Lernprozesse beeinflusst (vgl. Arnold/ Krämer-Stürzl/Siebert 2005, S. 45).

Zuvor noch notwendige Erläuterung der Begriffe „Emotion und Kognition":

- Fröhlich (2003) definiert **Emotion**: „Aus dem lat. emovere (aufwühlen, heraustreiben) hergeleitete, allgemeine und umfassende Bezeichnung für psychophysiologische Zustandsveränderungen, ausgelöst durch äußere Reize (Sinnesempfindungen), innere Reize (Körperempfindungen) und/oder kognitive Prozesse (Bewertungen, Vorstellungen, Erwartungen) im Situationsbezug. Emotionale Reaktionen (emotional responses) gehen mit verdeckt ablaufenden autonomen, neuro-humoralen, zentralnervösen und neuromuskulären Veränderungen einher, die zusammenfassend als emotionale Erregung (emotional arousal) bezeichnet werden. Zu ihren äußeren Kennzeichen gehören der emotionale Ausdruck (emotional expression), die Orientierung am emotional erregenden Gegenstand bzw. Sachverhalt, die damit verbundene Unterbrechung bzw. Desorganisation des momentan ausgeführten Verhaltens, ggf. im Übergang zur Einleitung von Annäherungs- bzw. Vermeidungsschritten. Die spürbar einsetzende Erlebnisweise und die – von Kognitions- und Motivationserfahrungen mehr oder minder abgehobene – Erlebnisqualität von Emotion nennt man Gefühl" (Fröhlich, 2003, S. 785).

- **Kognition** selber wird definiert als die Gesamtheit aller Funktionen und Prozesse, die mit dem Erwerb, der Speicherung und Wiederverwendung von anschaulichen und abstrakten Erkenntnissen, Einsichten und Wissen zu tun haben (Gedächtnis; Informationsverarbeitung) (vgl. Fröhlich 2003, S. 1471).

Aufgrund von umfangreichen Analysen, Diskussionen und Diskursen wurde zuvorderst der Begriff „Selbstgesteuertes Lernen" von den Autoren in seiner Begriffsvielfalt gefasst und erweitert resp. es wurden Präzisierungen vorgenommen (vgl. Arnold, Gómez-Tutor, Kammerer 2007, S. 9-17) und eine Definition sowie Klärung des Begriffs für das Modell gegeben (ebenda, S.17):

„Selbstgesteuertes Lernen ist ein aktiver Aneignungsprozess, bei dem das Individuum über sein Lernen entscheidet, indem es die Möglichkeit hat,

- die eigenen Lernbedürfnisse bzw. seinen Lernbedarf, seine Interessen und Vorstellungen zu bestimmen und zu strukturieren,
- die notwendigen menschlichen und materiellen Ressourcen (inklusive professioneller Lernangebote und Lernhilfen) hinzuzuziehen,

- seine Lernziele, seine inhaltlichen Schwerpunkte, Lernwege, -tempo und -ort weitestgehend selbst festzulegen und zu organisieren,
- geeignete Methoden auszuwählen und zu organisieren und
- den Lernprozess auf seinen Erfolg sowie Lernergebnisse auf ihren Transfergehalt hin zu bewerten." (ebenda).

Der Kompetenzbegriff wird – je nach wissenschaftlicher Disziplin – nur punktuell unterschiedlich definiert – wie:

- Der Kompetenzbegriff wird in der Psychologie definiert als: „Allgemeine Bezeichnung für die sachliche Zuständigkeit eines Menschen bei der Lösung von Problemen, für bestimmte umschriebene Leistungen oder – als soziale K[ompetenz] – für den Umgang mit Mitmenschen" (Fröhlich 2002, S. 262).

- Ähnlich definiert die Pädagogik: „Kompetenz (lat. competens geeignet, zuständig; engl. competence). Fähigkeit einer Person, Anforderungen in bestimmten Bereichen zu entsprechen. Soziale Kompetenz bezieht sich auf den Umgang mit Menschen und bedeutet, in sozialen, gesellschaftlichen und politischen Bereichen urteils- und handlungsfähig zu sein. Ich- bzw. Selbstkompetenz bezeichnet die Fähigkeit, für sich selbst verantwortlich handeln zu können. Sachkompetenz kennzeichnet die Leistungsfähigkeit und damit die Zuständigkeit für bestimmte Sachbereiche" (Schaub/Zenke 2002, S. 326).

**Persönliches Fazit** - Kompetenz ist eine Fähigkeit. Im weiteren Verlauf werden einzelne wie auch zusammengesetzte Kompetenzbegriffe im Rahmen dieser Arbeit verwendet. Mag sein, dass andernorts[39] von Kompetenzvielfalt und -wirrungen gesprochen/geschrieben wird; so ist es m. E. gerade das „Lernen", das eine der herausragenden Fähigkeiten des Menschen darstellt. „Lernen" zielt letzthin darauf auf (resp. ist eine der erwünschten Nebenwirkungen), dass Verhaltensänderungen ermöglicht werden, die fast ausschließlich auf der Wertzuschreibung des jeweiligen Individuums beruhen – oder so wie Watzlawick (2008 S. 48f) dies ausdrückt, eine Wirklichkeitsanpassung der geistigen Normalität stattfindet (Wirklichkeit 2ter Ordnung). Das Kompetenz-Modell von Arnold, Gómez-Tutor und Kammerer löst diese Begriffsvielfalt von Kompetenzen auf und setzt diese in Kontext zueinander.

### 4.2 Das Konzept „Selbstlernkompetenz" von Arnold, Gómez-Tutor und Kammerer

Aufgrund detaillierter Untersuchung von Handlungskompetenz in Verknüpfung zu Selbstlern-Modellen unterschiedlicher wissenschaftlicher Herkunft kamen die Autoren zu dem kreativen Schluss, dass unter Einbeziehung des Lernbegriffs insgesamt sechs

---

[39] Gemeint sind "Schlüsselkompetenzen", negativ betrachtet von Pongratz (vgl. Reitemeyer 2005, 6 Abs.).

notwendige Kompetenzen sich im Rahmen einer Lernsituation dynamisch der jeweiligen Ausprägung der Bedürfnisse des Lerners zuordnen lassen. Nachstehendes Schaubild soll den Zusammenhang aufzeigen (vgl. Arnold, Gómez-Tutor, Kammerer 2007, S. 27).

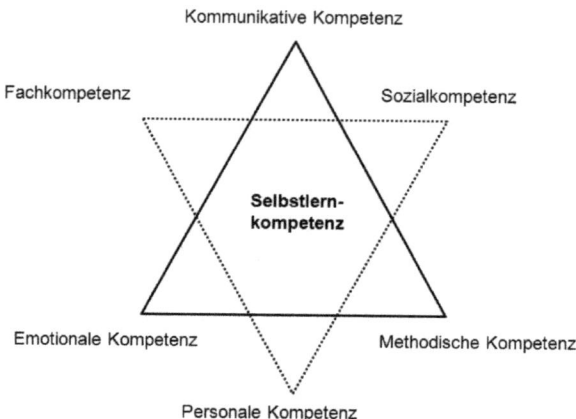

Quelle: Arnold, Gómez Tutor, Kammerer 2007, S. 27

Abbildung 9: Modell der Selbstlernkompetenz

Die einzelnen Kompetenzbegriffe werden nachstehend erläutert; doch vorweg muss noch die „Einschränkung" resp. die Rezeption des Modells angegeben werden. Das Modell ist jeweils individuell und situationsangepasst ausgeformt gerastert. In konkreten Situationen muss dieses Modell hinsichtlich der jeweilig notwendigen Kompetenzen „befragt" werden. Es bildet eine Ermöglichung hinsichtlich Handlungssituationen – hier muss das Individuum entscheiden, welche Kompetenzen resp. Teilkompetenzen benötigt und ausreichend ausbaubar erscheinen (vgl. ebenda, S. 27f). Die Bestandteile des Modells sind detailliert begründet und umfassend dargestellt – also fasse ich mich nachstehend kurz hinsichtlich der Beschreibung der Kompetenzen aus dem Modell und der diesbezüglichen spezifischen Hypothesen (vgl. Arnold, Gómez-Tutor, Kammerer 2007, S. 28-49)[40].

---

[40] Unabhängig von diesen gilt die Hypothese, dass Personengruppen existieren, die von Haus aus (Schule und Beruf) schon für das selbstgesteuerte Lernen die notwendigen Selbstlernkompetenzen mitbringen (ebenda, S. 50).

## 1. Fachkompetenz

Diese umfasst die Gesamtheit der Kenntnisse einer Person bzgl. eines Themas sowie den Umgang mit Wissen. Bezogen auf „Selbstgesteuertes Lernen" bedeutet diese Fähigkeit, dass der Lerner seine Lernprozesse einschätzen und dementsprechend handeln kann.

Hypothese: Wenn Vorwissen zu betreffenden Lerninhalten vorhanden ist, dann kann der Lernprozess selbstgesteuert ablaufen.

## 2. Methodische Kompetenz

Hierbei handelt es sich um die Disposition, Aufgaben und Lösungen methodisch kreativ zu gestalten und im Vorfeld die Handlung zu strukturieren. Methodenkompetenz ist eng mit Fachkompetenz verbunden, denn für die Anwendung von Fachwissen sind Methoden notwendig.

Hypothese: Je höher die methodische Kompetenz ausgeprägt ist, desto größer ist das Autonomie- und Kompetenzerleben beim Lernen.

## 3. Sozialkompetenz

Der Lerner ist nicht autonom, er muss Lernprozesse „allein" absolvieren und sich sehr wohl mit seiner Lerngruppe/seinen Kollegen austauschen. Es geht somit um das Aushandeln und Aspekte wie Teamfähigkeit, Konfliktfähigkeit, Fähigkeit zum Dialog etc. Soziale Kompetenz ist stets ein Miteinander und erfordert Konsensfähigkeit.

Hypothese: Je größer die Kontaktfähigkeit, desto erfolgreicher wird das Lernen selbstgesteuert ablaufen.

## 4. Kommunikative Kompetenz

Hierunter wird vor allem die genuin menschliche Fähigkeit verstanden, die gesprochene resp. geschriebene Sprache sowie Mimik und Gestik mit Dritten im Kontext auszutauschen. Nicht nur in Lernprozessen ist das sprachliche Können und Verstehen anderer Voraussetzung für die Interaktion mit Dritten, sondern es ist eine alltägliche Fähigkeit, die den Individuen abverlangt wird.

Hypothese: Je größer die kommunikativen Fähigkeiten, desto besser gelingt die metakognitive und emotionale Steuerung des selbstgesteuerten Lernens und Einbindung in die Lernsituation.

## 5. Personale Kompetenz

Sie bezeichnet die Fähigkeit, für sich selbst verantwortlich handeln zu können – also die Dispositionen bzgl. der eigenen Einschätzung, der Einstellung, Werthaltung, Motive entfalten zu können. Eine Ausdifferenzierung kann hinsichtlich „Selbstgesteuerten Lernens" vorgenommen werden/relevant sein bzgl. der Fähigkeit der Identitätsentwicklung, der Fähigkeit mit Selbstwert umzugehen (Selbstsicherheit?) und der Fähigkeit zur intrinsischen Motivation.

Hypothese: Je höher die Motivation zum Lernen, desto größer ist der Erfolg des selbstgesteuerten Lernens (i. S. v. Selbstwahrnehmung).

Hypothese: Je besser die Unterstützung des Autonomie- und Kompetenzerleben, desto höher ist die Motivation zum selbstgesteuerten Lernen.

## 6. Emotionale Kompetenz

Es ist die Kompetenz, mit eigenen und fremden Gefühlen umgehen zu können, sie im konkreten Kontext richtig anzuwenden, um so Konflikte und Stress zu vermeiden (vgl. Arnold 2004, S. II). Steiner (1997) hat eine umfassende Interpretation – sie besagt, dass unter Emotionaler Kompetenz „die Fähigkeit, die eigenen Gefühle zu verstehen, die Fähigkeit, anderen zuzuhören und sich in deren Gefühle hineinzuversetzen, und die Fähigkeit, Gefühle sinnvoll zum Ausdruck zu bringen", verstanden wird (Steiner 1997, S. 21; zit. nach Arnold, Gómez-Tutor, Kammerer 2007, S. 38).

Hypothese: Die emotionale Befindlichkeit beeinflusst den Lerner, den Lernprozess und de facto das Lernergebnis.

Hypothese: Je stabiler der emotionale Zustand, desto größer ist die Lernleistung.

Hypothese: Der konstruktive Umgang mit negativer Emotion wirkt sich leistungssteigernd auf das Lernen aus.

**Fazit:** Das Modell selber wurde von den Autoren im Design operationalisiert pro Kompetenzbereich, weiter detailliert und empirisch im Rahmen einer Studie (Kaiserslauterer Fragebogen zur Erfassung der Selbstlernkompetenzen KL-SLK in 2001) veröffentlicht – es diente u. a. zur Evaluierung der Thesen (vgl. Anhang 2 in Arnold, Gómez-Tutor, Kammerer 2007, S. 68f).

Ein weiteres – auf den ersten Blick nicht erkennbares – Ziel der Autoren war m. E., dass die Erhebungsgruppe, also die Studenten, in ihrem Lernprozess innehalten (Introspektion) und sich diesen Fragen der Studie aussetzen (vgl. ebenda, S.39f). Das Ergebnis dieses Innehaltens hat für die Teilnehmer der Studie – bei Beantwortung der Fragen – ein „messbares" Ergebnis zur Folge, so dass diese aufgrund eben der Fragen ihre Situation einschätzen lernen und dies eventuelle Interventionen in ihr Lernverhalten (etwaige Unzulänglichkeiten) erlaubt. Diese Messbarkeit bedeutet, wie zuvor angesprochen, eine individuelle und situationsangepasste Rezeption. Im folgenden

Schaubild wird in Referenz zu Abbildung 9 eine beispielhafte Rezeption gegeben, um den Sachverhalt besser darzustellen:

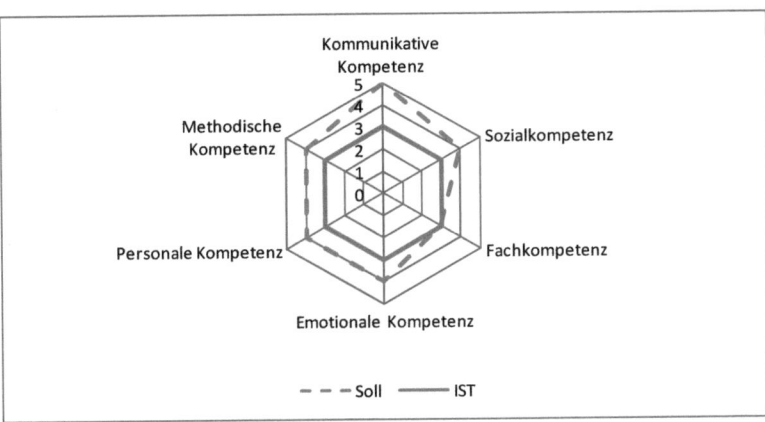

Quelle: eigene

Abbildung 10: Spinnwebe - Selbstlernkompetenz

Im Beispiel der o. g. Abbildung scheint ersichtlich, dass, ausgehend jetzt von imaginären Daten, eine Verbesserung zielgerichtet scheint – vor allem in der kommunikativen Kompetenz. Kritisch betrachtet kann über die Zusammensetzung des Kompetenzmodells diskutiert werden, wie auch die Hypothesen als solche in Frage gestellt werden könnten. Zum Beispiel die Hypothese „Je stabiler der emotionale Zustand, desto größer die Lernleistung". Allein hier kann das Wort „stabil" als „vage und unbestimmt" angesehen werden und die Randintension unklar werden lassen – denn der Lerner kann sich sehr wohl in einer stabilen Lage befinden und sein/e Lernergebnis/Lernleistung ist nicht dementsprechend.

Für die Weiterführung in dieser Arbeit setze ich konstant, dass Lerner sehr wohl um ihre Unzulänglichkeit wissen und aufgrund ihrer beruflichen Pflicht nicht umhin kommen, sich persönlichen Veränderungen im Lernverhalten auszusetzen. Es wird somit Freiwilligkeit also solche dem Lerner attestiert, der sich einer Methode des „Lebendigen Lernens" unterzieht, wie z. B. einer Methode der Art des „Elevator Pitch".

## 5. „The Elevator Pitch"

Der „Elevator Pitch" (EP) ist eine Methode – eigentlich eine Zusammenfassung mehrerer Methoden – die ihren speziellen Einsatz findet im Vertrieb.

Doch vorweg zur Definition von Methode im Zusammenhang mit dem Begriff Lernen:
„M[ethode] ist abgeleitet aus dem altgriechischen Wort methodos für „Weg" und meint ein Verfahren, um planmäßig ein Ziel zu erreichen. Im pädagogischen Kontext sind M[ethoden] somit der Weg zum Lernziel. Sie sind helfende und stützende Verfahrensweisen, welche bei den Teilnehmenden Interesse wecken oder verstärken können, die Motivation fördern im Hinblick auf die Auseinandersetzung mit einem Thema und Möglichkeiten schaffen für aktive Erfahrungen im Hinblick auf die Lerninhalte, die eigene Person und die anderen Personen in der Gruppe" (Knoll 2007, Abs. 1).

Die Rezeption der „Elevator Pitch"-Methode zeichnet sich dadurch aus, dass in einem Gespräch ein Gesprächspartner dem anderen Gesprächspartner innerhalb eines sehr kurzen Zeitrahmens zu einem Thema die relevanten und vor allem interessanten Aspekte dergestalt aufzeigt, dass der Angesprochene sich nachfolgend für gemeinsame Aktionen resp. weitere Gespräche im positiven Sinne öffnet bzw. von dem Gesprächspartner überzeugt zielgerichtet auf dessen Vorschläge eingeht.

**Hierzu ein Szenario:**
Stellen Sie sich vor, Sie sind der verantwortliche externe IT-Techniker für ein großes Rechenzentrum (RZ) Ihres Kunden. Ihre Ansprechpartner sind i. d. R. der RZ-Leiter resp. dessen Stellvertreter. An dem Tag haben Sie wiederum einen Termin bei Ihrem Kunden und Sie treffen durch Zufall vor dem Aufzug den IT-Vorstand des Unternehmens (ein großer Automobilhersteller in Deutschland) im Bürohochhaus der Firma. Sie selber müssen in eines der oberen Stockwerke des Gebäudes in einen Besprechungsraum, da wo sie Ihre monatlichen Meetings mit dem RZ-Leiter haben (die Themen sind meist technologischer Art). Sie und der IT-Vorstand (Vorgesetzter des RZ-Leiters) stehen allein vor dem Aufzug und Sie haben die „einmalige" Chance, diesen Kunden, mit dem Sie nur schwerlich einen Termin bekommen, von einem neuen Produkt zu informieren und idealerweise zu einem Folgetermin zu begeistern. Sie begrüßen Ihn, stellen sich vor und treten in den Aufzug ein und ...' – , ...im 22. Stock steigen Sie mit dem IT-Vorstand aus und verabschieden sich mit den Worten, '...danke, dass Sie sich interessieren, gerne verabrede ich mit Ihrer Sekretärin einen Termin und ...' – , ...gehen in den x-ten Stock nach unten, denn der 22. Stock ist das Stockwerk der Vorstände, ganz oben also.

Wenn dieses Szenario überdacht wird, lässt sich festhalten, dass:

1. es gelungen ist, einen Termin zu vereinbaren, über eben einen scheinbaren zufälligen persönlichen Kontakt, und

2. in kurzer Zeit, also in ca. 100 Sekunden, ein Thema so Klienten zentriert vorgetragen wurde, dass der Kunde interessiert ist.

Auf Rückfrage und Lob in Ihrer Firma fragte man Sie sicherlich, „WIE" Sie das geschafft haben und sie antworteten darauf „...nun ich hatte einen ELEVATOR PITCH".[41]

Doch bevor ich zu den Details dieser Methode hinführe ein „wenig" Historie zu dem „Elevator Pitch": Der Name „Elevator Pitch" wie auch die Herkunft der Methode liegt tatsächlich in den Vereinigten Staaten von Amerika in den frühen 70er Jahren des letzten Jahrhunderts begründet. Einen „Erfinder" resp. Urheber dieser Methode scheint es nicht zu geben und die Geschichten und Anekdoten rund um den „Elevator Pitch", wie er entstanden ist, sind vielfältig. Es lässt sich einiges „(re)konstruieren", zum einen, dass es sich dabei um junge Studenten/Akademiker (Marketing) aus Chicago/Illinois handelte (in den 70er Jahren), die sich auf ihre persönliche Werbewirksamkeit so vorbereitet hatten, wie sie es in wissenschaftlichen Arbeiten hinsichtlich ihrer Vorbereitung auf Klausuren gewöhnt waren. Dieses Wissen verfeinerten sie um weitere Elemente des Marketings (AIDA-Formel[42]) und setzten sich zum Ziel, innerhalb einer bestimmten Zeit (ca. 60 – 100 Sekunden = 22 Stockwerke gemessen an der Fahrtdauer eines Aufzuges im John Hancock Tower) einen „Boss" anzusprechen und ihm die Vorzüge einer Mitarbeiterschaft ihrerseits anzudienen – also eine profunde Art der Stellenbewerbung. Zwischenzeitlich ist der „Elevator Pitch" schon seit Jahren in der BRD „angekommen"; es existieren Kurse, Bücher und Workshops genau über diese Methode, bis hin zu den „In-30-Minuten-kannst-Du-den-Elevator-Pitch"-Heften.

Es spricht somit einiges dafür, dass diese Methode erfolgversprechend eingesetzt wird/werden kann und ich selber unterrichte im Rahmen meiner Tätigkeit für den Bereich HR-Learning[43] IT-Techniker (Ingenieure und Informatiker) in dieser Methode. Im Folgenden werde ich hierzu in den nachfolgenden Kapiteln diese Methode einer didaktischen Verortung/einem Design zuführen.

### 5.1 Unterrichtsvorbereitung - Praxisbeispiel

Es sind im Vorfeld des Kurses „Elevator Pitch", der wie ein Workshop angelegt ist, Eingangsgrößen zu klären – i. S. v. Makrodidaktik, die nicht nur für den Erfolg des Kurses (sprich der Teilnehmer) wichtig sind, sondern auch für internen Auftraggeber eine Relevanz aufweisen. Vorweg noch einige klärende Hinweise zu möglichen „Internals" in im Vorfeld.

---

[41] Die zuvor erwähnten 22 Stockwerke sind als Synonym zu sehen für: „wenig Zeit und auf den Punkt kommen mit seiner Ansprache bzgl. Erfolgswirksamkeit für einen Anschlusstermin".
[42] AIDA-Formel (Attention-Interest-Desire-Action). Zwischen Verkaufserfolg und möglichen Kunden steht die AIDA-Regel: Die Aufmerksamkeit (Attention) soll auf das Produkt gelenkt werden und Interesse (Interest) wecken, den Kaufwunsch (Desire) hervorrufen und schlussendlich zum Kauf (Action) führen – dies ist Werbung (vgl. Schmalen 1990, S. 330).
[43] HR-Learning = Bereich Human Ressource - Weiterbildung

Die Raumplanung, Veröffentlichung des Kurses, Verfügbarkeit im Schulungsportal im Intranet, Einladung an Teilnehmer, Kostenübernahme durch HR resp. Weiterbelastung an die jeweiligen Kostenstellen, Zertifikate/Teilnehmerbescheinigungen sind nicht Teil einer eigentlichen Unterrichtsvorbereitung – all diese vorgenannten Aufgaben übernimmt das Event-Management von HR.

Der Dozent selber hat – ausgehend von der (oft) global vorgegeben Planung von Themenschwerpunkten – wie z. B. in Kommunikationstechniken den Kurs zu designen und Vorgaben an das Event-Management von HR zu tätigen. Es spricht für sich selber, dass der Dozent mit dem „Elevator Pitch" vertraut ist und die darin enthaltene Methodenvielfalt beherrscht. Darüber hinaus muss dieser selber in dem IT-Bereich als FK-Service-Consultant erfolgreich seit Jahren in der Firma tätig sein (mindestens Status „Senior"[44]).

### 5.1.1 Beschaffenheit der Lerngruppe

Die Größe der Gruppe soll zwischen 8 bis max. 12 Teilnehmer sein. Das „Einstiegsalter" ist nicht von Relevanz – jedoch sollte der Mitarbeiter (MA) bereits mehr als ein Jahr im „Feld" (gewesen) sein, also Kundenkontakt haben.

Die Zuordnung der Teilnehmer zu unterschiedlichen Service-Bereichen ist eventuell zu beachten (MA aus dem Bereich Installation u. Wartung agieren meist kurzfristiger vor Ort beim Kunden, als Service-MA in der technischen Beratung und Betreuung im Outsourcing). Darüber hinaus sollen sich die Teilnehmer nicht mehrheitlich aus der Ebene der Abteilungsleiter (FK) rekrutieren (es kann hierbei eventuell zu einer starken Zurückhaltung der Nicht-Abteilungsleiter kommen).

Die Sprache ist primär Deutsch – daher muss bei der Wahl des Kurses durch die Teilnehmer auf ausreichende Deutschkenntnisse geachtet werden.

### 5.1.2 Lernumgebung

Der Kurs ist zeitlich auf zwei aufeinanderfolgende Tage hin konzipiert, wobei die eigentliche Kursdauer auf ca. 10 Stunden ausgelegt ist.

---

[44] So wie dies auf mich zutrifft - ich bin dem Bereich „Global Technical Services" Deutschland zugeordnet, der sich mit nahezu 14.000 Mitarbeitern um Kunden im Service-Bereich Outsourcing, Wartung und Installation bemüht. Hier unterstütze ich HR-Learning in/mit Kursen u.a. wie Moderation, Coaching, Präsentation und Projektmanagement.

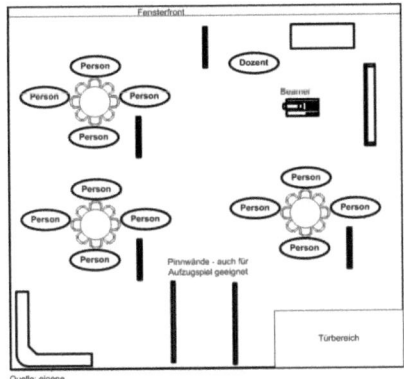

Quelle: eigene
Abbildung 11: Raumplanung

Als Lernumgebung ist ein entsprechend großer Raum zur Verfügung zu stellen, der nicht nur der Großform[45] (Workshops) für max. 12 Personen entspricht, sondern auch Kleingruppenarbeit erlaubt. Ausgestattet sein muss der Raum mit technischen Materialien wie: mindestens 4 Flipcharts, 2 Pinnwänden, Moderations-Materialien, Beamer (Sozial-Einrichtungen wie WC etc. in erreichbarer Nähe werden vorausgesetzt).

Der Veranstaltungsort ist ebenso zu planen bzgl. Erreichbarkeit– dementsprechend ist die Seminarumgebung hinsichtlich virtueller Arbeitsplätze, Kantine und Cafeteria zu überlegen. Übernachtungsmöglichkeiten sollten ausreichend in naher Umgebung vorhanden sein

### 5.1.3 Intension der Methode

Die Inhalte, wie auch Fragestellungen des Kurses sind angesiedelt im Bereich „Presales" – Marketing und Vertrieb von IT-Leistungen. Leitende IT-Techniker sind i. d. R. nicht in der Rolle von Vertriebsleuten. Trotzdem sind sie im Kundenkontakt und „wenn es darauf ankommt", dann sollten sie einen möglichen Kontakt zum IT-Vertrieb in akkurater Weise herstellen können. Warum? Aufgrund ihrer (oft) nicht ausreichend vorhandenen Vertriebserfahrung könnten Chancen für ihr Unternehmen entgehen, die für das Unternehmen eventuell unwiederbringliche Umsatzerfolge darstellen.

Demzufolge ist jeder Mitarbeiter, der im Kundenkontakt steht, gleichzeitig auch ein „Opportunity Identifier" und somit ist die handlungsleitende Programmatik des Kurses offensichtlich.

Lerngegenstand ist im „Elevator Pitch" de facto die Aufbereitung eines Themas – über die Zusammenfassung des selbigen in wenigen, aussagefähigen Sätzen bis hin zur persönlichen Präsentation der Teilnehmer. Die angestrebten Lernziele sind zum einen, dass die Teilnehmer sich der Notwendigkeit bewusst werden, (auch) gegenüber dem Kunden in sehr kurzer Zeit die wichtigen[46] Fakten eines Produktes resp. Servicelei-

---

[45] Großform ist eine Bezeichnung für einen Grundtyp organisierten Lernens wie: Workshop, Einarbeitungen, Lehrgang.
[46] Wichtig im Sinne des Kunden und IBM.

stung zu kommunizieren. Zum anderen gehört zu den Zielen zu vermitteln, dass so ein Gespräch gezielt vorbereitet werden muss. „Aus der Hüfte heraus" (ohne Vorbereitung) zu agieren, ist in den seltensten Fällen erfolgswirksam, eher sogar kontraproduktiv. In dem Workshop „Elevator Pitch" werden verschiedene Methoden zum Einsatz kommen (s. Methodenkomposition der Veranstaltung), jeweils in den unterschiedlichen Phasen des Workshops (s. Dramaturgie des Workshops). Spezielle Voraussetzungen hinsichtlich Methodenkompetenz (z.B. Methode Mind-Map)werden von den Teilnehmern erwartet. Was die Methode „Elevator Pitch" darüber hinaus noch leisten kann, wird in der Beschreibung des Moduls extra ausgewiesen (s. Kapitel 5.2.2).

### 5.1.4 Methodenkomposition des „Elevator Pitch"

Es drängt sich förmlich der Verdacht auf, dass der „Elevator Pitch" eine Zusammenfassung von bestehenden Methoden, Verfahren und Verhalten ist. Doch zuerst soll die Methodenkomposition des Workshops „Elevator Pitch" im nachfolgenden Schaubild dargestellt werden; die einzelnen Methoden bzgl. Erarbeitungs- und Präsentationsmethode sind in dem Kapitel Methodenbeschreibung enthalten – die anderen Methoden sind u.a. abhängig vom Repertoire des Dozenten etc. und werden nicht erläutert.

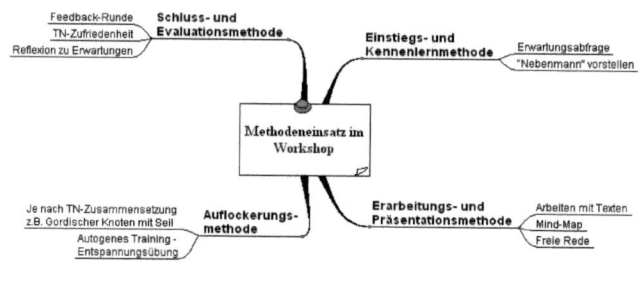

Quelle: Eigene

Abbildung 12: Methodenkomposition

Darüber hinaus ergeben sich mehrere Anlässe, die durchaus spontan entstehen und zu situativem Verhalten von Teilnehmern und Dozent führen (Gespräche in der Pause, Umgang mit Konflikten etc.). Diese können zu der einen oder anderen Methode führen, die im o. g. Schaubild nicht geplant und dargestellt ist und eben eine andere Sozialform notwendig machen, als die gerade gewählte Kleingruppenarbeit, also Einzelgespräche oder das Forum selber.

## 5.1.5 Dramaturgie des Workshops

Der Workshop unterteilt sich in drei Teile: in den Vorbereitungsteil (A), den Hauptteil (B) und den Abschlussteil (C):

Tabelle 1: Dramaturgie / Agenda

| Block / Dauer | Aktivität | Detailinformation | Status / Wer | Inhaltliches / Bemerkung |
|---|---|---|---|---|
| A | Aufgabenstellung mit Auftraggeber (AG) klären | Dauer, Kosten, Erwartung, Problemsicht etc. und Zusammenarbeit - > "Vertrag" | Geklärt | 1 Tag - eingebettet in Ausbildungsblock |
| | Thema des Workshops | Einbettung in die Zielsetzung des AG | Geklärt | **Workshop "Elevator Pitch"** |
| | Inhaltliche Klärung | Material, Methodenvalenz, Folien etc. | Geklärt | Foliensatz fertig bzgl. Agenda, Klärungsfolien und sonstiger Unterlagen |
| | Teilnehmer | Klärung hinsichtlich Anzahl, Zusammensetzung, sonstige Kohorten-Daten | Geklärt | 12 Teilnehmer / Ersatzteilnehmer bei Ausfall von einem TN? |
| | Örtlichkeiten | Räume (Sitzordnung), Beschallung, Lichtverhältnisse, Cafeteria o.ä., Moderationsmaterialien (Karten, Stifte, Flipcharts, Wände, Beamer, Jonglierbälle etc.) | Geklärt | Ausdruck der Basis-Folien |
| | Einladungsschreiben | Persönliche Anrede etc., vor allem um Bestätigung bitten | Geklärt | Wird von HR-Learning erledigt |
| | Final Check | Check der Örtlichkeiten , Materialien und Sonstiges, idealerweise am Tag vorher - Zeitplan nochmals durchgehen | Moderator | |
| **B TAG 1 Beginn ca. 13:30** | **Workshop-Einleitung** | | | |
| | 5 Minuten | Begrüßung durch Moderator | Moderator | |
| | 5 Minuten | Administration | Moderator | Sicherheitscheck (Was tun, wenn?) |
| | 5 Minuten | Vorstellung der Agenda | Moderator | 1 Slide, 5 Blöcke |
| | 5 Minuten | Spielregeln erläutern (Umgang miteinander, ausreden lassen etc.) | Moderator | Flipcharts aufhängen |
| | 10 Minuten | Feedback und Blitzlicht erläutern | Moderator | |
| | Workshop-Übergang | Vorstellungsrunde "Speed Dating" | TN | max. 30 Minuten |
| | 14:30 Workshop-Hauptteil 10 Minuten | Erwartungshaltung | Moderator + TN | Zuruf durch TN - Moderator nimmt Schlüsselworte auf |

42

| | | | | |
|---|---|---|---|---|
| 14:40 | 10 Minuten | Runde 1: Aufzuggespräch als Einleitung und auch gleichzeitig als Zielsetzungsklärung für den Kurs | Moderator + TN | Ein Teilnehmer und Dozent - Dozent ist Kunde. TN präsentiert sich als IT-Techniker mit einer Innovation |
| 14:50 | 10 Minuten | Erkenntnisse des Gesprächs - hat der TN vom Kunden (Dozenten) einen Termin erhalten? | Alle - Moderator schreibt | Flipcharts sichtbar aufhängen |
| 15:00 + Pause 10 Minuten | 5 Minuten | Blitzlicht / Fieberkurve | | Was ist Ihnen noch aufgefallen? |
| 15:15 | 30 Minuten | Erklären der Methode Elevator Pitch - Idealvorstellung und Zielsetzung Unternehmen | Moderator | Was wäre, wenn? - Ziel-Blätter bearbeiten |
| 15:45 | 30 Minuten | Aufgabe 1: Textarbeit, Mind-Map und Vortrag | TN | „Posting Session" pro Gruppe , Wahl des Textes - Themas durch jeweilige Gruppe max. 5 Minuten |
| 16:15 | 15 Minuten | Präsentation der Ergebnisse | TN | TN aus Gruppe 1 an einen TN Gruppe 2 usw. |
| 16:30 | 15 Minuten | Feedback-Runde | TN | Gruppe 1 an Gruppe 2, Gruppe 2 an Gruppe 3, Gruppe 3 an Gruppe 1 |
| 16:45 | Vorstellung selber ca. 15 Minuten - ca. **120 Minuten für die Bearbeitung - dies geht in die Abendstunden der TN nach Ende der Veranstaltung** | Vorstellung Aufgabe 2 | Moderator | Erläuterung der Aufgabe - siehe Anhang zu dieser Arbeit. Inkl. Generalprobe. Hinweis auf wiss. Arbeiten - wie Recherche, Exzerpt, Schlüsselworte via Mind-Map und 6-10-Zeiler für das Rollenspiel |
| 17:00 | 5 Minuten | Konfliktsuche durch Blitzlicht | Alle | |
| **B TAG 2 Beginn ca. 09:00** | 15 Minuten | Reflexion des gestrigen Tages und offene Fragen | TN + Moderator Zuruf | Offene Fragen, wenn notwendig notieren |
| 09:15 | 30 Minuten | Aufzugspiel 2 - Präsentation der Ergebnisse vom Vortag | TN | Gruppe wählt selber, welcher TN vorträgt |
| 09:45 | 5-10 Minuten + 10 Minuten Pause | Feedback der Ergebnisse | Alle | |
| 10:00 | 10 Minuten | Auswahl aktueller Themen im Service, die im Vertrieb sind | Jede Gruppe für sich | |
| 10:10 | 60 Minuten | Bearbeiten Text / Recherche/ Mind-Map/ Schlüsselworte / 6-10-Zeiler | Gruppen | |
| 11:10 | 40 Minuten | Aufzugspiel 3 - Präsentation der Ergebnisse der 10-Zeiler inkl. Feedback | Gruppen | Gruppe 1 an Gruppe 2, Gruppe 2 an Gruppe 3, Gruppe 3 an Gruppe 1 |
| 11:50 | Ende einläuten | | | |
| | 1 | Danke! Applaus an TN | Moderator | an TN |
| | 2 | Feedback-Runde | TN | |
| 12:30 | 3 | Verabschiedung + Next Steps | ALLE | |

| C | Nachbearbeitung | Besprechung mit AG (HR-Learning) | AG Moderator | 2-mal - einmal nach dem WS und dann 2-3 Tage später, da TN sich melden |
| | | Lessons learned | Moderator | Was kann besser werden, was war gut? |

Die Teilnehmer kommen z.B. aus dem gesamten deutschsprachigen Raum (BRD, A, CH). Es ist mit Anfahrts- und Abreisezeiten zu rechnen, die über die regelmäßige Arbeitszeit hinausgehen (Mit dem Betriebsrat sind bzgl. Schulungen, die nur an einem Ort stattfinden, relevante Vereinbarungen getroffen worden). Die Reisekosten trägt die entsendende Kostenstelle.

Fazit der eigenen Erkenntnis: Diese Workshop war bis dato immer „lebendig". Die Teilnehmer konnten Anschluss an ihre Tätigkeiten finden und ihre Erfahrungen aus ihrem Studium nutzen resp. sich unter dem Aspekt "Da war doch mal was?" einbringen. Aufgrund der Rollenspiele, der meist gespielten Konkurrenz der Gruppen zueinander wie auch des Erlebnis-Charakters der Rollen und des letzthin erlebten fröhlichen Verlaufs inkl. der jeweiligen Introspektion zu eigenem Verhalten kann eine Zuordnung des „Elevator Pitch" in „Lebendiges Lernen" getroffen werden.


## 5.2 Einordnung in „Lebendiges Lernen"

„Der Begriff eines Lebendigen Lernens hat unterschiedliche Wurzeln... Ruth Cohn – eine Repräsentantin der Humanistischen Psychologie – betont in ihrem Ansatz die Ganzheitlichkeit des menschlichen Lernens (vgl. Cohn / Terfurth 1993). Dieser basiert stets auf einer drei-dimensionalen Gleichzeitigkeit: der thematischen Aneignung, der Einbindung in die Lerngruppe und der Identitätsbalance des Einzelnen" (Arnold/Arnold-Haecky 2009, S.68).

Wie Arnold und Schüßler ausführen, so handelt es sich auch bei diesem o. g. Workshop um eine zusammengefasste Methode, die primär lernaktivierende Elemente in sich trägt. Dem Teilnehmer wird **kaum** mittels Frontalunterricht der Sachverhalt vermittelt, sondern der Teilnehmer selber erschließt sich mittels verschiedener eigener Wege das Wissen – primär gespeist aus seiner Kognition, Emotion und somit seinen (Lern-)Erfahrungen. Da seitens des erwachsenen Teilnehmers eine fast schon durchgängige Anschlussmöglichkeit besteht an seine bestehende Erfahrung, steht seiner Wissenserschließung nicht nur der „reine" Inhaltsbezug zu Verfügung, sondern die Entwicklung aller Kompetenzen (s. Kapitel 4) fördert ihn in seiner Selbstlernkompetenz (vgl. Arnold/Schüßler 2005, S. 5). Die notwendige Einordnung in die Methodenvalenz wie

44

auch die Methodenbeschreibung als solche aufzuzeigen, wird in nachfolgenden Kapiteln vorgenommen.

### 5.2.1 Methodenvalenz

In u. a. Tableau sind die von Arnold und Schüßler notwendigen Kriterien definiert – dieses Schaubild dient zur Klärung und Einordnung des „Elevator Pitch".

Tabelle 2: Phasen und Ebenen der Methodenvalenz

| Phase / Ebene | I Einstieg | II Erarbeitung | III Präsentation | IV Schluss |
|---|---|---|---|---|
| **A** | Eröffnung | Auftragsübergabe | Darstellung der Ergebnisse ★ | Ergebnissicherung ★ |
| | Hinführung | Informations-Arrangement ★ | Strukturierung und Visualisierung | Feedback ★ |
| **Thema** | (Vor) Strukturierung | Informations-Präsentation ★ | Besprechung und Korrektur | Transfer ★ |
| | | | | Evaluation |
| **B** | Motivation (?) | Aneignen von ★ Arbeits-, Lern- und / oder Selbsterschliessung-Methoden | Selbstvertrauen | Einsicht in den Entwicklungsstand der eigenen Methoden, Sozial- und Personalkompetenz |
| **Person** | Anwärmen ★ | Selbsttätigkeiten ★ | Identifikation mit dem Ergebnis und Prozess | |
| | Klärung der Erwartungen | Lernen des Lernens ★ | Darstellung , ★ persönliche Präsentation | |
| | Konzentration und Beteiligung | | | |
| **C** | Geschäftsordnung (Regelung des Umgangs miteinander | arbeitsteilige ★ Kooperation fördern | Darstellung, ★ Präsentation, Arrangement der Gruppenergebnisse | Feedback zur ★ Entwicklung und Kooperation in der Gruppe |
| **Gruppe** | Kommunikation, Gruppe auflockern | soziales Lernen ★ | Besprechungs- und Entscheidungsformen | Metakommunikation |
| | einander Kennenlernen | Umgang mit ★ Konflikten | | |

Quelle : Arnold, Schüßler 2003, S. 7 - "Sterne" = besonders in Methode vorhanden

Ersichtlich ist, dass die Methode „Elevator Pitch" vor allem in der Lernphase in einem Workshop eine Ermöglichung zur Teilhabe des Einzelnen bzgl. emotionalen Bezugs zu einer Sache und des Sich-Fühlen in der Lerngruppe/im Lernprozess (vgl. Arnold/Arnold-Haecky 2009, S. 70) beiträgt.

### 5.2.2 Methodenpapier „Elevator Pitch"

Ich orientiere mich hier an der Struktur der Methodendarstellung von Arnold und Schüßler (vgl. Arnold/Schüßler 2005, S. 10). Das heißt, ich gliedere die Methodenbeschreibung wie nachstehend:

- In eine Kurzbeschreibung – *als Gebrauchsanweisung – aus persönlicher Perspektive (Ich-Form statt in der unpersönlichen Form der dritten Person).*

- Zeige die Methodenvalenzen – *hier welche Phasen resp. Bedeutung hat dies für die Teilnehmer (s. o. g. Tableau der Methodenvalenzen).*

- Beschreibe die Vorbereitung des Methodeneinsatzes – *also die Ressourcen für die Methode.*

- Zeige Beispiele – *also die praktische Relevanz der Methode.*

- Führe eine Kritische Würdigung an hinsichtlich des *Einsatzes der Methode und*

- Verweise auf Literatur – weiterführende Literatur zur Methode.

**Kurzbeschreibung**

*Zu Beginn der Veranstaltung werden nach einer „Kennenlernrunde" (z. B. Ecken-Kreis-Methode, vgl. Arnold/Schüßler 2005, S. 16f)) die Erwartungshaltungen der Teilnehmer (wie auch des Dozenten) geklärt (z. B. Methode Schlüsselwort vgl. Arnold/Schüßler 2005, S. 38f)*[47] *– s. auch Punkt 5.1.5 Dramaturgie.*

Nachdem die Erwartungshaltung geklärt wurde („Meine Techniker ‚googeln' meist vorher schon, was denn da auf sie zukommt"), stelle ich den „Elevator Pitch" anhand eines Rollenspiels vor. Im Raum sind zusätzlich zwei Pinnwände enthalten. Diese baue ich so an einer Wand auf, dass diese wie ein Eingang zu einem Aufzug wirken. Der Aufbau ist so (s. Raumplanung Kapitel 5.1.2), dass von allen Teilnehmern dieses Rollenspiel beobachtet werden kann. Die Dauer des „Rollenspiels ist auf zwei Minuten begrenzt. Ich bitte nun einen „freiwilligen" Teilnehmer aus der Runde, mit mir vor den Aufzug zu gehen. Seine Aufgabe ist es, mein Interesse während der Fahrt so zu wecken, dass ich danach gerne einem Folgetermin zustimme, an dem er mir sein Produkt resp. Dienstleistung vertieft erörtern kann. Dies ist eine Herausforderung für den Teilnehmer. Als Thema wählt „man" gerade für den Anfang ein unkritisches aber fröhliches Thema – wie „Urlaubsreise verkaufen an das Nordkap" oder „Wanderurlaub in der Ka-

---

[47] In IBM ziehe ich eher amerikanische Eingangsformen wie „Speed-Dating" vor. Vor allem ist der Lern-Effekt und Erlebnis-Effekt m. E. größer, da die Teilnehmer vor allem ihre „eigenen" Fragen stellen. Die Gruppierung der Teilnehmer nehme ich situativ vor - hinsichtlich der Pärchenbildung.

lahari-Wüste". Die Lebendigkeit ist i. d. R. gesichert, da der Teilnehmer kreativ bemüht ist – eben um mich. Diese Übung führt immer zu einem befreienden Lachen bei allen, da der Dozent unbedingt (auch aus förderlichen Gründen) einem Folgetermin zustimmt. In der anschließenden Besprechungsphase zu diesem Einstieg fällt es den Teilnehmern leicht, sich auf die Folgeaufgaben einzulassen, die ähnlich aufgebaut sind – allerdings mit beruflichem Bezug. Ein aktuelles Video zum Thema rundet den Einstieg weitestgehend ab[48].

Wo ist der Lerngegenstand der Methode? Der Schwerpunkt der Methode selber liegt in der Nutzung bereits bekannten Arbeitens. Es gilt ein Gespräch so fundiert vorzubereiten, dass wenn das Gespräch stattfindet, innerhalb einer kurzen Zeitspanne der für den Kunden/Gesprächsteilnehmer relevante Informationsgehalt kommuniziert wird und zwar so, dass der Kunde eine positive Grundhaltung zum Thema gewinnt. Die Arbeitstechniken resp. Methoden hierbei sind aus dem Bereich wissenschaftlichen Arbeitens abzuleiten. Es handelt sich hierbei um Tätigkeiten wie Recherchieren, Exzerpieren, Zusammenfassen (Abstract) und letzthin um das Referat/den Vortrag. Das Schaubild in Anhang 8 zeigt diesen Prozess und die „Verwandtschaft" mit wissenschaftlichem Arbeiten. Deshalb ist diese Methode für Akademiker ein nicht unbekanntes Feld. Die verwendeten Methoden sind von Arnold & Co. bereits ausführlich beschrieben und ich verweise hier zum einen auf Methoden wie „Arbeit mit Texten" von Arnold und Arnold-Haecky (2009, S.75) sowie auf „Mind-Mapping" (ebenda, S. 76) und „das Sechs-Sätze-Referat" (ebenda, S. 77). Diese Methoden – im Zusammenhang mit einem vorgeschaltetem Seminar resp. Kurs über Rhetorik – bündeln letzthin den „Elevator Pitch" methodisch. Die oft (in den Vereinigten Staaten) angedachte emotionsgeladene Sprache hierbei zu verwenden ist im deutschen Sprachraum nicht üblich.

Die Teilnehmer üben diese Techniken im Rahmen des Workshops in zwei weiteren Aufgabenstellungen, damit sich ein Übungseffekt einstellt – auch hinsichtlich der Werbewirksamkeit (AIDA) ihrer Texte. Diese Aufgaben sollen die Gruppen zu aktuellen Themen aus ihrem beruflichen Umfeld herausfordern, gerade in Hinblick auf erlebte Vorkommnisse in der Praxis und deren zielgruppenspezifische Ausprägung[49]. Die Wahl der Themen soll den Gruppenteilnehmern überlassen bleiben. Die Gruppen teilen sich dann jeweils in die Aufzugpositionen auf, so dass jede Gruppe mindestens einmal „Verkäufer" und „Kunde" darstellen kann. Gemeinsame Feedbacks/Blitzlichter runden das Ergebnis ab und geben den Teilnehmern ein Gefühl davon, wie sie erlebt wurden.

---

[48] Zum Beispiel URL: http://www.youtube.com/watch?v=KMFFZ0lj41l&feature=related, [Stand 2011-01-10].
[49] Für einen RZ-Leiter sind Reizworte / Schlüsselworte wie: Sicherheit, Verfügbarkeit und Ausbaufähigkeit relevant. Für einen IT-Vorstand sind Kostensenkungspotentiale, Innovation und Value Add für Shareholder die Reizworte schlechthin.

Der Dozent tritt ab dieser Stelle im Work-Shop mehrheitlich in der Rolle des Moderator / Coaches ein / auf bzgl. der Lehr-Lern-Situation (vgl. Höffer-Mehlmer 2005, S. 59f).

*Zum Ende der Veranstaltung werden die zu Beginn „gesicherten" Erwartungshaltungen im Rahmen eines Feedbacks mit den Teilnehmern abgeglichen und noch offene Fragen geklärt. Ein Blitzlicht „Wie fühlen Sie sich jetzt mit der neuen Methode" rundet den Workshop ab.*

## Methodenvalenz

Die „Elevator Pitch"-Methode ist sowohl verortet in der Erarbeitungsphase als auch in der Präsentationsphase. Die jeweiligen Ebenen – also Thema, Person und Gruppe – sind vollständig eingebunden (s. Tableau der Methodenvalenz S.45). Dadurch, dass jede Übung/jedes Rollenspiel mit einem Feedback geschlossen wird, ist somit auch die Schlussphase inkludiert. Im Einzelnen hierzu (vgl. auch Arnold/Schüßler 2005, S. 55f) Folgendes:

- **Auf der Ebene des Themas** wird von den Teilnehmern geübt, wie ein Thema zur Erarbeitung strukturiert wird, wie man Informationen aufbereitet und diese dann zu einem ca. 40- Sekunden-Gespräch (6 Zeilenreferat) aggregiert.

- **Auf der Ebene der Person** wird von den Teilnehmern rege Beteiligung erwartet. Sie eigenen sich Erschließungstechniken an und lernen „spielerisch" durch die spätere Präsentation (min. zwei von jeder Gruppe) sich mit dem erarbeitenden Ergebnis zu identifizieren und steigern ihr Selbstvertrauen (der Moderator achtet hierbei auf die Spielregeln). Dadurch können die Teilnehmer einen Überblick resp. eine Einsicht hinsichtlich ihrer Methodenkompetenz und Präsentationsfähigkeit erlangen.

- **Auf der Ebene der Gruppe** sind die Kommunikationskompetenzen der einzelnen Teilnehmer gefragt – dieses ist im Rahmen der gruppendynamischen Prozesse evident. Organisation (Wer macht Was), Präsentation (Wer trägt vor, ist vor dem Aufzug) und Feedback (Wer für die Gruppe) sind Aktivitäten, die begleitet werden von weiteren Aktivitäten wie: Texte bearbeiten (Wer sammelt und notiert die Stichworte/Marginalien), Zeichnung erstellen (Mind-Map) bis hin zur textlich sprachlichen Ausgestaltung des 6-Zeilers (Ergebnissicherung). Konflikte bleiben da nicht aus – dementsprechend muss der Moderator/Dozent hier ein Gespür dafür haben, wann er der Gruppe über eine jeweilige Klippe hilft.

## Vorbereitung des Methodeneinsatzes

Es wird ein adäquater Schulungsraum für bis zu 15 Personen (max. zwei zusätzlich etwaige Co-Beobachter) benötigt. Da die max. avisierte Teilnehmerzahl 12 ist und diese in Gruppen zu je vier Teilnehmer geteilt wird, muss es im Raum möglich sein, fünf

Arbeitsinseln aufzubauen: drei Inseln für die Teilnehmer und einen Bereich für den Dozenten und einen für das Aufzugsspiel. Unbedingt werden Moderationsutensilien benötigt wie Marker, Stifte, Karten, Klebeband, vier Flipcharts – gerade für die Blitzlichter und Erwartungsabfrage ist dies notwendig. Weiterhin werden Pinnwände benötigt, hier speziell zwei für das Aufzugsspiel, und darüber hinaus ein Beamer oder ein Overhead-Projektor. Falls Videos vorgeführt werden, ist ein Beamer einzusetzen, eventuell muss ein Internetanschluss im Raum vorhanden sein. Darüber hinaus sind Filz-Faserstifte in ausreichender Menge (pro Gruppe jeweils 16 Stifte und vier unterschiedliche Farben), „Post-it"-Zettel und sonstige Papiere (DIN-A4) vorzusehen.

**Bespiele aus der Praxis**

Die Anwendung des „Elevator Pitch" kann quasi auf „alle Lebenslagen" übertragen werden, ob auf Messen, Treffen in Kantine, Concept-Meetings usw. wie auch das Privatleben. Durch den exorbitant wachsenden Einsatz von Social Media in der Web- 2.0-Technologie und in Internetplattform eignet sich die Anwendung des „Elevator Pitch" insofern, da gerade hier Software und Applikationen/Medien zur Verfügung stehen (Moodle, Blogs, Wikis, Podcasts, YouTube, Twitter, MySpace etc.)[50], die die Art und Weise der Interaktion (durch AIDA auf den Punkt gebracht) mittels „Elevator Pitch" forcieren und letzthin dem „6-Zeiler" in Sprache und Schrift entgegenkommen.

Die Methode findet ihre genuine Rezeption in Produktschulungen/Vertriebsschulungen etc.[51]. Ein für mich jedoch **wichtiges Beispiel** liefert eine Vorbereitung auf eine „mündliche Prüfung" resp. eine „schriftliche Klausurvorbereitung". Anhand eines Beispiels aus jeweiligen Studiengängen kann dies schnell nachvollzogen werden, im Sinne einer Ermöglichung selbiger in Analogie zum „Elevator Pitch".

Hierzu die „logische" Abfolge – in einem 6er Schritt (durchaus rekursiv verstanden):

1. Überfliegen Lesestoff / kursorisches Lesen (Gesamtübersicht verstehen der Module) und markieren – prüfen der Marginalien auf Verständnis zu den Schlüsselworten/Reizworten (Texte bearbeiten) – die Zusammenfassung verstehen

2. Lernziele (Fragestellungen) der Module zum Thema erheben und die den Kapiteln zugeordneten Schlüsselworte markieren eventuell in Mind Map's darstellen.

3. Lesen aufgrund der Hauptidee (Schlüsselworte + Fragestellungen) – Festhalten der markierten Stellen

4. Formulieren des Exzerpts (eigene Worte) jeweils in Form eines 6-10-Zeilers.

5. Prüfen, ob das Exzerpt dem Text und der Frage des Lernzieles entspricht.

6. „Vortrag vor sich selber" oder der Lerngruppe - „Auswendiglernen" resp. wie auch immer die persönliche Technik des individualisierten Behaltens funktioniert.

---

[50] Dieses Thema ist zu umfangreich, um hier darauf einzugehen – ich verweise auf aktuelle Literatur und deren Rezeption, wie von Tom Alby (2007): Web 2.0 Konzepte, Anwendungen, Technologien, Wien.
[51] Beispiele hier URL: http://www.youtube.com/watch?v=vAvErchnM_w , [Stand 2011-01-10] und URL http://www.youtube.com/watch?v=ZdGs1ColPOI&feature=related, [Stand 2011-01-10].

**Kritische Würdigung**

Der Vorteil dieser Methode liegt in der vielfältigen Anwendungsmöglichkeit. Die Teilnehmer können ihre eigenen Schwerpunkte setzen bzgl. der Themenfindung innerhalb des zu bearbeitenden Gebietes (ob IT, Finanz, etc.). Da der Dozent nach Vorstellung dieser Methode weitestgehend nur noch als Moderator fungiert, bekommen die Teilnehmenden nichts aufoktroyiert, sondern entwickeln auf den Ebenen der Person und der Gruppe ihre eigene Sicht der Dinge. Es ist somit eine der Ermöglichungsdidaktik entsprechende Form des Unterrichts (subjektive Aneignung fördern -> Ermöglichen), sie ist erheblich lernaktivierend und kann nachhaltiges Lernen fördern – je nach Passung. Diese Methode fördert im Verlauf der Schulung selber die Methoden-, Sozial- und Kommunikationskompetenz und im Weiteren die emotionale und personale Kompetenz. Es ist quasi eine der Methoden, die m.E. die Förderung der Selbstlernkompetenz (vgl. Kapitel 4.2 bzgl. Hypothesen) von Teilnehmern bestens unterstützt.

**Literatur**

Als primäre wissenschaftliche Basis zeichnen sich m. E. hierbei die nachstehend angeführten Bücher aus:

- Arnold/Arnold-Haeckey (2009): „Der Eid des Sisyphos",
- Arnold/Krämer-Stürzl/Siebert (2005): „Dozentenleitfaden" und
- Arnold/Schüßler (2005): „Weitere Methoden des Lebendigen Lernens".

Sowie relevante Lernstrategien z.B. aus / in den Büchern von Umberto Eco (2010) – „Wie man eine wissenschaftliche Arbeit schreibt" (S. 140 f) oder von Jörg Knoblauch (1979) – „Lernstreß [sic] ade" (S. 14 f).

*5.3 Fazit zu „Elevator Pitch"*

Wie in den vorgenannten Punkten dargelegt, eignet sich der „Elevator Pitch" äußerst gut für eine Art der eigenen Präsentation – vor allem „wenn diese schnell gehen soll", ist also eine geschickte Art, somit sein Anliegen an „den Mann" zu bekommen.

„Was" eventuell untergegangen ist in der Erläuterung dieser Methode ist, dass so ein „Elevator Pitch" sehr wohl eine umfangreiche Vorarbeit erfordert, wenn diese Art von Präsentation erfolgreich (i. S. v. gelungener Vortrag resp. Gespräch) umgesetzt werden will. Dies kann m. E. nur durch Übung erfolgen und des sich „Zutrauens" auch von „Fehlern" und des „Zulassens" selbiger. In IBM wird genau diese Art von Kursen gefördert in Hinblick auf die Förderung der Kommunikationskompetenz von Mitarbeitern (i.S.v. Organisationalen Lernens) – somit kommt es im Idealfall zu einem nachhaltigen professionellem Handeln via Transfer in die Berufswelt der Teilnehmer.

HR-Learning bekommt nicht nur von Teilnehmern im Nachgang (meist) positive Rückmeldungen (Teilnehmerzufriedenheit) und Erfolgs-Stories gemeldet, sondern fragt (selektiv) bei Managern nach (Evaluation der Maßnahme – ähnlich dem Kirkpatrick-Modell Stufe 4[52]), inwieweit sich deren Investition (in die Weiterbildung) rentiert (erfolgreicher Transfer).

Dieser Kurs und somit die Methode „Elevator Pitch" eröffnen / finden – so wie im didaktischen Design dargestellt – Ihre Rahmung resp. Entsprechung innerhalb einer Ermöglichungsdidaktik. Weiterhin ist die Handlungsorientierung des Kurses so angelegt, dass vom „Prinzip der Vollständigkeit der Aufgabenstellung" nicht abgewichen werden muss (vgl. Höffer-Mehlmer 2005, S. 40). Der Lebensweltbezug, die Emotionalität wie auch Spontaneität (hervorgerufen durch Perturbation/Veränderungsdruck) und die geforderte Eigenverantwortlichkeit (i. S. v. zunehmender Selbststeuerung und somit Entwicklung von Selbstlernkompetenz) sind in diesem Sinne elementar und bilden sich im Design heraus – sofern Lehrende und Lernende diese Anforderungen annehmen und aushalten (vgl. Arnold, Arnold-Haecky 2009, S. 174) – i.S.v. nachhaltiger Entwicklung und Transformation (vgl. Arnold 2009, S. 25).

Gerade dieses „Aushalten" ist eines der treffenden Verben von Arnold und zieht sich durch viele (alle?) seiner Arbeiten. Es ist (m. E.) so zu verstehen, dass sich damit motivationale „Sachverhalte" ausdrücken wie bestehen, sich behaupten im Leben, aber auch durchhalten, zulassen und festbleiben – allerdings auch Verben wie entgegenstehen und anhalten. In aktuellen Situationen (je nach gewählter Perspektive) ist es für Menschen oft ein „nicht mehr auszuhaltendes" Leben in der Gesellschaft, wo lebenslanges Lernen gefordert wird in einer immer schneller werdenden Zeit und Kritiken an der Weiterbildungsgesellschaft (so sie sich manifestiert oder auch nicht) sind nicht weit – wie auch die erlebte Bildungsbenachteiligung nicht allein behebbar ist durch unsere Schulen (vgl. Illich 2005, S. 22).

---

[52] Das Ziel von WB erfährt innerbetrieblich einer Zweckorientierung und muss sich für die Unternehmung „auszahlen" – also einen zählbaren Erfolg dieser WB-Investition ergeben - Modell nach Kirkpatrick 1988 (vgl. Severing 2005, S. 95; vgl. Arnold 2009, S. 7f).

Lebenslanges Lernen – ist dies dann noch eine akzeptierte Notwendigkeit oder artet es schon zu einem Zwang aus? Dem Zwang zur permanenten Weiterbildung in unserer Gesellschaft, um in Würde zu überleben?

## 6. Der Weg in eine Weiterbildungsgesellschaft?

„Die Würde des Menschen ist unantastbar", so lautet Art. 1. Abs.1 unseres Grundge-
setzes und weiter gilt nach Art. 2 Abs. 1 „Jeder hat das Recht auf die freie Entfaltung
seinen Persönlichkeit" und in Art. 12. Abs. 1 ist verankert „Alle Deutschen haben das
Recht, Beruf, Arbeitsplatz und Ausbildungsstätte frei zu wählen". Demzufolge ist unsere Gesellschaft nach den Freiheits- und Grundrechten des Sozialstaatsgebots konstitu-
iert.

Es bleibt festzuhalten, dass dem Menschen um seiner Würde willen eine möglichst
gelingende Entfaltung seiner Persönlichkeit zuzugestehen ist – denn ein würdevolles
Leben ist ohne Bildung nicht denkbar.

Allerdings ist dieses „Recht auf Bildung" unter Juristen umstritten, sobald sich ein sub-
jektiver Anspruch des Bürgers gegenüber dem Sozialstaat konkretisiert, denn die
Grundrechte sichern den Bürger „nur" gegen unberechtigte Eingriffe. Die Forderungen
richten sich daher auch auf soziale Schutzansprüche des Einzelnen auf Fürsorge und
Hilfe des Staates zur Schaffung der jeweiligen Bedingungen, unter denen heutzutage
ein freies und menschenwürdiges Leben möglich sei. Mit dieser Forderung ist die Verbindung zum Sozialstaatsgebot hergestellt. Die in Art 20. Abs. 1 und Art 28. Abs. 1
fixierte Sozialstaatlichkeit stellt somit eine eigenständige Staatszielbestimmung dar, die
den Staat zur Sozialordnung ermächtigt – also zur Wahrung der sozialen Gerechtigkeit
und zum Schutz der Schwachen (vgl. Wittpoth 2007, S. 8f). Darüber hinaus ist eine
Einklagbarkeit (Positivierung des Rechts) jedoch mit dem Sozialstaatlichkeitsgebot
nicht gegeben, denn es sind Abwehrrechte, also Rechte, die verteidigt werden dürfen,
wenn gegen diese verstoßen wird.

Ein erstes Fazit lautet somit, dass eine „Positivierung" des Rechts auf Weiterbildung
eine Konkretisierung voraussetzt und hierbei entscheidet sich die Frage, ob und mit
welcher Reichweite von solch einem „Grundrecht" gesprochen werden kann, denn
momentan ist Weiterbildung soweit noch nicht als ein integraler Bestandteil des Bildungssystems verankert. Sowohl in der beruflichen als auch in der allgemeinen Weiterbildung sind die vorhandenen Gesetze noch nicht in der Lage ein „Grundrecht" auf
Weiterbildung zu sichern (vgl. ebenda S. 10).

## 6.1 Resümee

Die handlungsleitende Programmatik des Deutschen Bildungsrates als solche manifestierte sich in programmatischen Forderungen/Erwartungen an Weiterbildung – bzgl. Chancengleichheit (Recht auf Bildung, Kultur für Alle [breite Teilhabe] und Soziokultur). Es geht hierbei um „Sicherstellung" des ökonomischen, politischen und sozialen Systems bis hin zu der Überlegung, dass Weiterbildung eine anerkannte Norm ist. Es bleibt ersichtlich, dass die aktuellen Probleme und deren Lösungen weitgehend auf Seiten der Individuen ansiedelt sind und die Verantwortlichkeit der Menschen für ihr Weiterkommen und Leben und Lernen in ihren eigenen Händen liegt.

Wittpoth (vgl. 2007, S.7) bringt dies „ironisch" treffend sinngemäß auf den Punkt mit einem Satz, „dass alles wird gut", der Mensch soll (bloß):

- die aktuellen gesellschaftlichen Gegebenheiten akzeptieren,
- an sich arbeiten und
- zuversichtlich sein.

Ein weiteres Fazit muss aus meiner Sicht gezogen werden, da die bildungspolitischen Grundpositionen (s. Kapitel 2. „Argumentationslinien") in sich eine „reine" soziale Reproduktion darstellen – also eine „neokonservative Sicht" schlechthin postulieren. Denn was soll sich nun durch die „Freie-Markt"-Grundposition ändern bzw. woran bzw. wie soll gesundet werden, was bis dato nicht ohnehin dem freien Spiel der Kräfte ausgesetzt war? Die Ungleichheit wird nicht durch reguliertes Handeln resp. durch fehlende Eingriffe des Staates behoben.

Und was „passiert mit den Alten?" Ich teile mit Friebe seine Sicht der Dinge in seinem Faktenbericht (2009, S. 5f), dass:

„Wenn es darum geht, den gesellschaftlichen wie den individuellen Herausforderungen des Lernens im Alter gewachsen zu sein, so muss die Weiterbildungsbeteiligung älterer Menschen als bisher nicht ausreichend bezeichnet werden. Offensichtlich gibt es „bildungsferne" und „bildungsbenachteiligte" Gruppen. Problematisch ist in diesem Zusammenhang zudem, dass es nur wenige auf diese Gruppen ausgerichtete Angebote gibt [Friebe 2009]".

Vielmehr wird die gewünschte Bildungs-Klassengesellschaft weiterhin erhalten und die Schere zwischen diesen Klassen geht weiter auseinander. Konsequenterweise wird also bei dieser „Position" gefordert, dass der Staat nur eine subsidiäre Haltung einnehmen soll und ansonsten die freien Kräfte des Marktes agieren sollen, übersehen, dass es schon jetzt zur Desintegrationen ganzer sozialer Gruppen kommt (die sich dann – auch wg. fehlender Bildungschancen – verweigern). Die Folgen dieser Nichtintegration und sonstiger Disparitäten führen uns (eben wie in der Diskussion bzgl. Sarrazin's Buch und Haltung) ins Abseits (vgl. Wittpoth 2007, S. 18f).

Die Dramaturgie der nächsten Jahrzehnte scheint somit geschrieben, falls nicht erhebliche Anstrengungen auf Makro-, Meso- und Mikro-Ebene „betrieben" werden bzgl. einer Sicherung des Volkswohls, der ökonomischen und politischen Standards bis hin zu einem würdigen Leben des Einzelnen (auch im Alter). Es scheint bis dato, dass vieles aus dem Programm eben Programm blieb, da den Reformvorschlägen des Strukturplanes der 70er Jahre nicht resp. nur zaghaft gefolgt wurde. Die Bildungsreform hat die soziale Ungleichheit **somit nicht** verringert. Die Voraussetzungen bzgl. des Sozialauftrages des Staates sind an politische Mehrheiten gebunden (vgl. Wittpoth 2007 S. 19, vgl. Wittpoth 2003, S. 33). Es bleibt aus meiner Sicht immer noch die Aussage von Frau Dr. Eva-Maria Stange, Bundesvorsitzende der Gewerkschaft Erziehung und Wissenschaft (GEW), in Zusammenarbeit mit Mechthild Bayer, Referentin für Berufliche Bildung und Weiterbildung beim GEW-Hauptvorstand, (vor 10 Jahren) aktuell gültig:

"Es ist das Versäumnis der Weiterbildungspolitik der letzten Jahre, daß [sic] ein Ausbau der öffentlichen Verantwortung für die Weiterbildung nicht stattgefunden hat. Das Setzen auf den privatwirtschaftlichen Markt alleine beinhaltet die Gefahr von Stagnation und Rückschritt. Gefragt sind neue Politikkonzepte als grundlegende Reform bisherigen politischen Denkens und Handelns" (zit. nach Bohn 1999, S.1).

Dessen ungeachtet gilt in der weiteren Zusammenfassung dieses Abschnitts (ich komme im Folgekapitel noch darauf zu sprechen), dass wir uns faktisch nicht den aktuellen Situationen verschließen können – oder doch? Kann (jedoch) Bildung ein Rettungsanker sein und „... werden die Kathedralen des Glaubens durch die des Lernens ersetzt" (Wittpoth, 2007, S.34)? Aus diesem Grunde muss, gleiches Gesellschaftssystem und aktuelle durchschnittliche Lebensstandards konstant gesetzt, Weiterbildung und somit lebenslanges Lernen als eine Notwendigkeit resp. Norm[53] angesehen werden; auch wenn sich dies scheinbar als Zwang (s. Anhang 5 zu einer systemischen

---

[53] Durchaus kann m. E. Normalität der Weiterbildung aus unterschiedlichen Perspektiven betrachtet werden – etwa, inwieweit Weiterbildungsanstrengungen (vor allem beruflich) von Arbeitgeber und/oder Arbeitnehmer betrieben werden (vgl. z. B. die Statements der Bundesregierung zur „Bericht der Weiterbildung 2006" unter http://www.bmbf.de/press/1735.php, [Stand 2011-01-10]).

Sicht auf Zwang zum lebenslangem Lernen) sich manifestiert in „…'Bewältigung der Lebensnot', für die Sicherung des Erwerbs zu qualifizieren"(ebenda). Wittpoth konstatiert, dass das lebenslange Lernen sich als Prinzip resp. als Norm weitestgehend durchgesetzt hat im beruflichen Alltag (vgl. Wittpoth 2007, S. 81).

Deutlich – in den aktuellen Zeiten, wo Aufstiegschancen zwar gegeben sind, aber die Chance der Positionserreichung gering ist – zeigt sich das Trilemma und Spannungsfeld zugleich – erstens durch die Manifestierung von Lebenslangem Lernen als einem Muss, zweitens durch Überfüllungskrisen (vgl. Wittpoth 2007, S. 60) und deren Regulierung und drittens durch den technologischen Fortschritt (Wissensveralterung).

Leitungsrollen werden da vergeben, wo eben die (gerade aktuell notwendigen) Voraussetzungen **und** die Bedarfe erfüllt sind. Die Legitimation dieser Vorgehensweise definiert sich selber über die Konkurrenz der Arbeitnehmer und allenthalben über die Funktionen der beruflichen Weiterbildung i. S. einer Reproduktion. Dass Erfolg i.S. es geschafft zu haben, damit einhergehen mit sozialem Aufstieg und Macht, Sinnstiftung und Erfüllung ist evident. Die gegenwärtigen Verhältnisse in der BRD zeigen dies eindeutig in Zeiten der Krise auf – letzthin definiert sich aktuell unsere Leistungsgesellschaft über ihren „Job" (vgl. auch ebenda S.63). Lebenslanges Lernen scheint – und dies nicht nur jetzt innerbetrieblich verstanden – ein Rettungsfloß zu werden. Nun, aus meiner Sicht (scheint) ist dies eine bessere Alternative, als sich dem Schicksal des Prekariats zu ergeben. Es bleibt für den Mitarbeiter, dass Konkurrenzdruck, permanente Leistungssteigerung und -nachweis, Arbeitsplatzangst, mögliche Einkommenseinbußen sich kontraproduktiv auswirken und deshalb eine mögliche intrinsische Motivation schwächen. Die Motive mögen so unterschiedlich sein, wie sie sind – treibende Kräfte sind die Emotionen und Affekte, die uns helfen, Ziele zu verfolgen resp. Erkenntnis darüber geben, was uns treibt.

Es gilt – jegliche Weiterbildung ist zu verstehen als eine Ermöglichung, mehr nicht, aber auch nicht weniger, und sie ist als „Lebensweltertüchtigung" des Einzelnen zu werten (vgl. Arnold et al. 2002a, S. 22).

Deswegen sind in der beruflichen „Lebenswelt" – in dem Spannungsfeld Mitarbeiter versus Organisation – Organisationsentwicklung und Personalentwicklung (eventuell unterstützt durch Coaching wie beschrieben) gefragt. Sie müssen „Hand in Hand" arbeiten, auch und gerade deswegen, weil die Vorwegnahme zukünftigen Handelns durch die Dynamik der Märkte erschwert wird und es letzthin das Humane Kapital einer Unternehmung – „that what makes the difference" – zu erhalten und zu fördern gilt, dies eben nicht nur im Fach- und Produktwissen, sondern auch in der persönlichen Ermöglichung des einzelnen Mitarbeiters hinsichtlich seiner Kompetenzbereiche im Rahmen seines Potentials. Es ist eben das "Know how to know and know now to act" entscheidend und gefragt ist die Fähigkeit der umfassenden Selbstlernkompetenz.

Dieses Ansinnen zu unterstützen hat, speziell im Erwachsenenbildungsbereich, viele Konzepte und Anregungen erfahren. Arnold, Gómez-Tutor und Kammerer haben so ein Konzept entwickelt und dieses in die Praxis (Universität) überführt. Die Rezeption des Modells und dessen Fragebogen in der Praxis ist (jedoch) von Fall zu Fall zu entscheiden (Fachgebiet, Lerner-Gruppen, Zielsetzung, etc.). Eine der wichtigen Fragen stellt sich bzgl. der präaktionalen Handlung: setzt der Lerner die Erkenntnisse (Lernergebnisse) aus so einer Befragung resp. Introspektion auch um – kann resp. will er diese umsetzen? Gerade bzgl. vorgenannter letzter Frage – also im letzten Punkt ist (nicht nur) im Coaching resp. in der Beratung öfters zu beobachten, dass ein hohes Maß an Wissenschaftlichkeit zu eben den existierenden eigenen (Lern)Problemen vorhanden ist. Die Lerner wissen oft um Ihre Unzulänglichkeiten hinlänglich Bescheid – trotzdem verharren sie weiter in ihrem Lamento. Ohne den doch neuen Referenzpunkt anzugehen, ohne die notwendige Verantwortung zu übernehmen für ihr Tun, wird keine Veränderung der Situation erzielt und der absichtsvolle Schritt in eine neue Möglichkeit nicht getan (vgl. Arnold 2008b, S. 46-47). Ungeachtet möglicher Einwendungen und Einreden im Sinne einer Falsifikation und ohne weiter ins Detail zu gehen – m. E. ist die kontrollierte Gewinnung der Informationen im Rahmen dieser Studie, auf Basis des gelungenes Design, mit einer hervorragenden Operationalisierung und Systematisierung unterlegt. Fakt ist sicherlich auch, dass sich nicht alle Teilnehmer einen möglichen, für sie sichtbaren Nutzen erschließen werden (i. S. v. Nutzen von Selbstlernkompetenz).

Der Kurs resp. die Methode „Elevator Pitch" ist i. S. v. Selbstlernkompetenz so eine Ermöglichung für Lerner, die Verantwortungsübernahme für ihre eigenen Lernprozesse zu fordern und ihre Selbstlernkompetenz als Potential über sich selbst zu erfahren. Sicher, aufgrund allein der Tatsache, dass Teilnehmer sich ihre Fallbeispiele selbst auswählen und sich in dem Kurs diesen , also dem Thema selber, in der Gruppe und in Ihrem Erleben selbst aussetzen, ist festzustellen, dass, wie auch in anderen Kursen dieser Art, „gelernt" wird.

Die Aktualisierungstendenz des Menschen, zwingt (ja) quasi den Menschen, den Lerner, zu einem Verhalten, das nicht eine erhöhte Apperzeption zum Kursgegenstand allein seine Gerichtetheit aufweist, sondern er „lernt" Dinge, die nicht unbedingt in dem Lern-Arrangement enthalten waren. Er lernt nicht, wie eben Ivan Illich (2005, S. 31) es ausdrückt in seiner Streitschrift: „ … dass Lernen meist das Ergebnis von Unterricht sei", sondern er lernt „…beiläufig und selbstbeabsichtigt" (ebenda). Arnold (2005) bringt dies in den Zusammenhang mit „Neugier"- als einer existentiellen Notwendigkeit und definiert: **„Der Mensch kann nicht nicht lernen"** (vgl. Arnold/Krämer-Stürzl/Siebert 2005, S. 11f). Doch ob er so lernt, um ein im Sinne dieser Arbeit gelingendes Leben anzustreben, ist fraglich[54].

Wie auch die Hypothese dieser Arbeit sich unter erkenntnistheoretischen oder unter logisch empirischen Gesichtspunkten falsifizieren / verifizieren lässt, allerdings nur zum Teil (als Vorhersagewert für zukünftige Ereignisse); ist wiewohl aufgrund der dargelegten holistischen und theoriegeleitenden Forschungsergebnisse (gestützt in dieser Arbeit durch Bourdieu, Schmitz, Wittpoth, Arnold & Co.)[55] eine Bewährungsprobe gegeben – insofern kann diese Hypothese (im Rahmen dieser Arbeit (also Zeit und Raum)) als bewährt bezeichnet werden.

In der Reflexion v.g. „Evaluation" gleicht mein Resümee mehrheitlich den Aussagen von Wittpoth (vgl. auch Wittpoth 2007, S. 107), nämlich dass:

- es Möglichkeiten der Teilhabe an Weiterbildung gibt und eben deren Zwänge, aber auch Zugangsprobleme,
- Lebenslanges Lernen als Norm sich durchgesetzt hat – somit ist Weiterbildung als Norm anzusehen,
- die soziale Segmentierung ein Problem bleibt und
- Lernen eine Ermöglichung sein (und zu einem gelingenden Leben verhelfen) kann.

Hinleitend (nun) zu der Forschungsfrage dieser Arbeit und deren Intention:

---

[54] Anm. V.: Wie verhält es sich denn, wenn er (der Mensch) sich o. g. Zwängen verweigert – ist dies etwas ein Zeichen für ein missglücktes Leben?
[55] Ob Aussagen als wahr akzeptiert werden, entscheidet nicht der Forscher sondern die in der Alltagsrealität Interagierenden.

*Kann Professionalität (i. S. v. professionellem Handeln) dem Lerner durch Transfer von Wissen aus der Theorie in die Praxis vice versa ihm eine Ermöglichung bieten zu erfolgreichem Handeln?*

Dieser Frage war dialektisch weitestgehend gefolgt worden – q. e. d. – mittels der wissenschaftlichen Zielsetzung, Argumentation und Darstellung der Arbeit – auch mittels einer Detaillierung selbiger durch Teilforschungsfragen. Diesen Teilforschungsfragen ist in dieser Ausarbeitung (bedingt) auf den Grund gegangen worden, so dass m. E. die Arbeit schlüssig in den Grundannahmen und Strukturen ist. Dies liegt vor allem daran, dass diese Arbeit auf „den Schultern der Riesen"[56], wie Wittpoth, Arnold, Siebert, Gieseke, Kidd, Schmitz, Rogers und Co. sich verortet. Die Antworten auf diese Fragen (s. Kapitel 1.1) lauten:

- Dem Lerner ist mittels des „Elevator Pitch" eine Möglichkeit geboten, seine Selbstlernkompetenz zu stärken; und
- Lebendiges Lernen ist eine Form von Lernarrangement, das Lernverhalten fördern kann und eine positive Sicht der Dinge seitens der Lerner auf den Lerngegenstand unterstützt.

**Ergebnis**

Den ermöglichungsdidaktischen Überlegungen zur Selbstlernkompetenz – dargestellt am Beispiel der Praxismethode „Elevator Pitch" – wurde m. E. in dieser Arbeit ausführlich Rechnung getragen. Die (breite) Förderung der Selbstlernkompetenz von Individuen (somit auch der Gesellschaft) kann eine Ermöglichung sein zu professionellem Handeln in Veränderungsprozessen – hin zu einer „Weiterbildungsgesellschaft 2.0" (die Versionsnummer ist eine gängige Bezeichnung für „es sind Fehler behoben, noch offene Aktivitäten erledigt und es geht weiter").

**6.2 Die Ermöglichung der „Weiterbildungsgesellschaft 2.0"**

Der schon erwähnte Satz von Arnold „Der Mensch kann nicht nicht lernen" macht Mut! Ungeachtet sonstiger Zugangsbarrieren, der Mensch lernt (auch in Deutschland) – allen Forschungsergebnissen zum Trotz – nicht schlechter oder besser als anderswo.

---

[56] Diese „Sicht" wird Max Weber zugeschrieben, vgl. Nippel, Antrittsvorlesung 1992. URL: http://edoc.hu-berlin.de/humboldt-vl/nippel-wilfried/PDF/Nippel.pdf, [Stand 2011-01-10].

Allerdings müssen die Bedingungen, Anreize und Chancen für Einzelne (Mikro-Ebene) verbessert werden.

Denn es muss besser werden – der aktuelle OECD-Bericht 2010 zeigt dies auf:

„(Berlin/Paris – 7. September 2010) Trotz steigender Absolventenzahlen an den Hochschulen nehmen die wirtschaftlichen Vorteile aus guter Bildung weiter zu. Angesichts der demografischen Entwicklung muss Deutschland mehr tun, um die Voraussetzungen für längere Erwerbszeiten zu schaffen und um dem sich abzeichnenden Fachkräftemangel entgegenzuwirken. Dies ergibt sich aus der aktuellen Studie 'Bildung auf einen Blick' und einer Länderstudie zur beruflichen Bildung der Organisation für wirtschaftliche Zusammenarbeit und Entwicklung (OECD), die heute in Berlin vorgestellt wurden."(OECD-Bericht 2010).

Einerseits soll (ja) das Bildungssystem dem Einzelnen sich erschließen, ihm Bildungschancen „lebenslang" gewähren können und ihn somit befähigen, an kulturellem, politischen und gesellschaftlichem Leben teilhaben zu können – ihn beruflich weiterzuentwickeln, um die ökonomischen Interessen zu stützen und letzthin ihm ein sinnstiftendes Dasein in der Gesellschaft ermöglichen. Andererseits muss dies finanziert werden können – individuell vom Einzelnen und von den jeweiligen Parteien (Arbeitgeber, Politik etc.) und es muss auch gewollt sein. „...Das Setzen auf den privatwirtschaftlichen Markt alleine beinhaltet die Gefahr von Stagnation und Rückschritt. Gefragt sind neue Politikkonzepte als grundlegende Reform bisherigen politischen Denkens und Handelns" (Bohn 1999, S.1). Diese Denkweise wird von Wittpoth (Wittpoth 2007, S. 17f) in seiner Sichtweise auf die Dinge unterstützt in Form einer Multi-Perspektivität und präsentiert mittels Darstellung unterschiedlicher Programme von verschiedenen Parteien und Institutionen. Ich habe seine Sichtweise in (zu) nachstehende(n) WB-Programme (aus den Jahren 1991-94) verdichtet und gegenübergestellt (s. im Detail in Tabelle 4 Anhang 7):

1. Das SPD-Programm „Weiterbildung für eine menschliche Zukunft"
2. Das Gutachten „Weiterbildung in Hessen"
3. Die „Dritte Empfehlung der Kultusministerkonferenz zur Weiterbildung"

Aber „wo stehen wir (nun) aktuell" hinsichtlich der Umsetzung dieser Programme? Die Zielsetzungen aus diesen Programmen sind heute noch dringender denn je als konsensfähig bestätigt, mithin, dass es sich eben um Entwicklungen handelt, die Forderungen (nicht nur) an die öffentliche Verantwortung stellen. Die mehrheitliche Bestätigung der Programme und Forderungen aus dem letzten Jahrhundert (vor 17 Jahren) findet sich (nun endlich in den Jahren 2008 -2010) in der Darstellung des Bundesministeriums für Bildung und Forschung in den dazu aktuellen Dokumenten[57] wieder. Die Forderungen (s. Tabelle 5) sind das Ergebnis dieser **„Dokumentation der Zukunft"** des BMBF(2010). Dieses verlangt nicht nur eine allseits getragene Programmatik (Interventionen, wie ein neuer Strukturplan zugehörigem Budget, Kontrolle und ggfls. Sanktionen), sondern auch Mut, Ideen, Freiwilligkeit und Zeit und es erfordert m. E. eine Gesellschaft, die aufgeklärt genug ist (sein wird), sich den aktuellen Problemen (auch Integration) – eben mittels Bildung zu stellen.

Insofern steht fest, dass die Weiterbildungsgesellschaft sich dann erfolgreich (i.S.v. allseitiger Akzeptanz) auf den Weg macht (und so zum gelingenden Leben des Individuums beiträgt), wenn der Staat, die Unternehmen[58] und die Bürger ihren Beitrag leisten. Die pragmatischen und finanzierbaren Antworten zu den noch offenen Forschungsfragen müssen zeitnah erfolgen (z.B. s. Anhang 9). Hierzu habe ich eine simple „Verschränkung" der Forderungen aus den Daten der Tabelle 4[59] mit den Daten des BMBF in Anhang 7 in der Tabelle 5[60] vorgenommen. Das Ergebnis aus dieser Gegenüberstellung erzeugt keinen neuen Erkenntnisstand, sondern bestätigt durch / in dieser Arbeit letzten Endes die Sichtweise von Arnold[61], Siebert, Wittpoth und Co., nämlich dass die Weiterbildungsanstrengungen sich erheblich verstärken müssen, wenn Erwachsenenbildung als eine der tragenden Säulen in der Bewältigung anstehender Herausforderungen gestalterisch „ihren" Beitrag zu einem gelingenden (sozialen) Leben dieser Gesellschaft leisten kann (soll) und darf.

Es steht außer Frage – die Herausforderungen (nicht nur) an Deutschland sind immens (s. Szenario im Anhang 10). Um diese einigermaßen viabel „abzufedern" für unsere Gesellschaft i.S.v. Wohlfahrt und Würde, ist „Lebenslanges Lernen" bzgl. Akzeptanz und Rezeption (eben bezahlte Arbeit für „Ältere") vom Staat, seinen Bürger und Organisationen als Notwendigkeit **und** Zwang gleichermaßen anzusehen, einzufordern und auszuhalten.

---

[57] „Um die Weiterbildungsbeteiligung zu erhöhen, müssen die Möglichkeiten für das Lernen im gesamten Lebenslauf verbessert und attraktiver gestaltet werden, indem neue Anreize geschaffen und bestehende Hindernisse beseitigt werden" zit. nach URL: http://www.bmbf.de/de/lebenslangeslernen.php, 4. Absatz., [Stand 2011-01-10]
[58] Erste wenige Unternehmen (m. E. allen voran die Bosch Stiftung) haben erkannt, dass sie gefragt sind, und nicht nur der Staat (Makro) und der Mensch (Mikro).
[59] Multiperspektive der Forderungen – einer Zusammenfassung aus 1991-1994
[60] Lernen im Lebenslauf 2010 (BMBF) - ebenda
[61] Herr Prof. Dr. Arnold (TU Kaiserslautern) moderierte in dieser Studie des BMBF den Arbeitskreis 1.1: Transparenz und Verbesserung des Zugangs für das Lernen im Lebenslauf

# Literaturverzeichnis

Arnold, R. (2002): Vorwort. S. 5. In: Kraft, S. (Hrsg.): Selbstgesteuertes Lernen in der Weiterbildung. Hohengehren.

Arnold, R. (2004): Emotionale Kompetenz und emotionales Lernen in der Erwachsenenbildung, Pädagogische Materialien der Universität Kaiserslautern, Kaiserslautern, 2. Aufl. Kaiserslautern.

Arnold, R. (2006): Personalentwicklung - eine Grundlegung, Studienbrief Nr. PE 110 des Master-Fernstudienganges Personalentwicklung der TU Kaiserslautern. Unveröffentlichtes Manuskript.

Arnold, R. (2008a): „Splittert nur nicht alles klein!" – Texte zur systemischen Pädagogik. Pädagogische Materialien der Technischen Universität Kaiserslautern

Arnold, R. (2008b): Führen mit Gefühl, 1. Aufl. Wiesbaden.

Arnold, R. (2008c): Zugänge zur Pädagogik, Studienbrief Nr. EB 0001 des Master-Fernstudienganges Erwachsenenbildung der TU Kaiserslautern. Unveröffentlichtes Manuskript. Kaiserslautern.

Arnold, R. (2009): Qualitätssicherung in der Erwachsenenbildung, Studienbrief Nr. EB 0810 des Master-Fernstudienganges Erwachsenenbildung der TU Kaiserslautern. Unveröffentlichtes Manuskript. Kaiserslautern.

Arnold, R., Arnold-Haecky (2009): Der Eid des Sisyphos. Eine Einführung in Systemische Pädagogik. Hohengehren Baltmannsweiler.

Arnold, R., Benikowski, B., Griese, C., Lost, C. (2008): Lernen lebenslang - Ansichten und Einsichten. Baltmannsweiler.

Arnold, R., Faulstich, P., Mader, W., Nuissl, E., Schlutz, E., Wittpoth, J. (2002a): Forschungsschwerpunkte zur Weiterbildung.URL: http://www.die-frankfurt.de/esprid/dokumente/doc-2002/arnold02_01.pdf, [Stand 2011-01-10]

Arnold, R., Gómez-Tutor, C., Kammerer, J. (2007): Selbstlernkompetenzen. Arbeitspapier 1 des Forschungsprojekts „Selbstlernfähigkeit, pädagogische Professionalität und Lernkulturwandel". Pädagogische Materialien der Universität Kaiserslautern. 3. Aufl. Kaiserslautern.

Arnold, R., Günther, H. (2003): Innovative Bildungs- und Erziehungsprozesse. Pädagogische Materialien der Technischen Universität Kaiserslautern.

Arnold, R., Krämer-Stürzl, A., Siebert, H. (2005): Dozentenleitfaden. Das Mobile. Planung und Unterrichtsvorbereitung in Fortbildung und Erwachsenenbildung. Berlin.

Arnold, R., Schüßler, I. (Hrsg.) (2005): Weitere Methoden des Lebendigen Lernens. 2. Aufl. Pädagogische Materialien der Technischen Universität Kaiserslautern.

Baethge, M., Brunke, J., Wieck, M. (2010): Die Quadratur des Kreises – oder die Mühsal der Suche nach Indikatoren für informelles Lernen: am Beispiel beruflichen Lernens im Erwachsenenalter. In: Indikatorenentwicklung für den nationalen Bildungsbericht „Bildung in Deutschland". URL: http://www.bmbf.de/pub/bildungsforschung_band_dreiundreissig.pdf [Stand 2011-04-04].

Baumgartner, I., Häfele, W., Schwarz, M. (1995): OE-Prozesse. Die Prinzipien systemischer Organisationsentwicklung. 7. Aufl. Bern 2004.

BILDUNGSBERICHT (2010): Bildung in Deutschland. Ein indikatorengestützter Bericht mit einer Analyse zu Perspektiven des Bildungswesens im demografischen Wandel. Hrsg.: Ständige Konferenz der Kultusminister und Bundesministerium für Bildung und Forschung.
URL: http://www.destatis.de/jetspeed/portal/cms/Sites/destatis/Internet/DE/Navigation/Statistiken/Zeitreihen/Indikatoren/WeitereIndikatoren__nk.psml, [Stand 2011-01-10].

Bohn, H. (1999): "Positionen zur Weiterbildung". In: DIE Zeitschrift 1/99. URL: http://www.die-bonn.de/zeitschrift/199/index.asp, [Stand 2011-01-10].

Buhse, W., Stamer, J. (2008): Die Kunst zu lassen. Enterprise 2.0. Berlin

Colo, C., Cristaller, T., Pöppel, E. (1999): Bioinformation. Problemlösungen für die Wissensgesellschaft. Heidelberg.

DESTATIS (2007): Pressemitteilung Nr.308 vom 06.08.2007. URL: http://www.destatis.de/jetspeed/portal/cms/Sites/destatis/Internet/DE/Presse/pm/2007/08/PD07__308__215.psml, [Stand 2011-01-10].

DESTATIS (2010): Weiterbildung.
URL:http://www.destatis.de/jetspeed/portal/cms/Sites/destatis/Internet/DE/Content/Statistiken/BildungForschungKultur/Weiterbildung/Content75/WeiterbildungInfo,templateId=renderPrint.psml. [Stand 2010-08-27].

Dietrich, S., Herr, M. (2004): Lernkulturentwicklung als Lernprozess (in) der Organisation – Stellenwert der Lernkultur für die Organisationsentwicklung. In: REPORT 2/2004 LITERATUR UND FORSCHUNGSREPORT WEITERBILDUNG 27. Jahrgang - Management und Organisationsentwicklung. URL: http://www.die-bonn.de/esprid/dokumente/doc-2003/nuissl03_08.pdf, [Stand 2011-01-10].

Eco, U. (2010): Wie man eine wissenschaftliche Arbeit schreibt. 13. Unveränderte Auflage. Wien

Friebe, J. (2009): Bildung bis ins hohe Alter? Anspruch und Wirklichkeit des Weiterbildungsverhaltens älterer Menschen. In: DIE Fakten 12/2009. URL: http://www.die-bonn.de/doks/friebe0901.pdf , [Stand 2011-01-18].

Friesl, C. (2005): Wie viel Ethik braucht die Wirtschaft. In: Tomaschek, M. (Hrsg.): Sinn und Werte in der globalen Wirtschaft. Bielefeld .

Fröhlich, W. (2002): Wörterbuch Psychologie. 24. durchgesehene Aufl. München .

Geißler, KH.A. (1998): Ökonomisierung der Subjektivität und planvolle Bewirtschaftung des Menschen. Die Weiterbildungsoffensive. In: Widersprüche Heft 27: Bildung lebenslänglich. URL: http://www.widersprueche-zeitschrift.de/article412.html, [Stand 2011-01-10].

Gieseke, W. (2004): Entwicklung in der Erwachsenenbildungswissenschaft, Studienbrief Nr. EB 0320 des Master-Fernstudienganges Erwachsenenbildung der TU Kaiserslautern. Unveröffentlichtes Manuskript. Kaiserslautern.

Gieseke, W. (2009): Leben muss zum Leben passen. In: Tagespiegel. URL: http://www.tagesspiegel.de/zeitung/lernen-muss-zum-leben-passen/v_default,292970.html, [Stand 2011-01-10].

Häcker, O., Stapf, K-H. (2004): Dorsch Psychologisches Wörterbuch. 14. Aufl. Bern

Hackman, J.R., Oldham, G.R. (1975): Development of the job diagnostic survey. In: Journal of Applied Psychology, 60, American Psychological Association, New York.

Höffer-Mehlmer, M. (2005): Handlungs- und erfahrungsorientiertes Lernen in der Erwachsenenbildung. Studienbrief Nr. EB 0610 des Master-Fernstudienganges Erwachsenenbildung der TU Kaiserslautern. Unveröffentlichtes Manuskript. Kaiserslautern.

Illich, I. (2005): Entschulung der Gesellschaft. Eine Streitschrift. 5. Aufl. München.

Kaplan, R., Norton, D. (2001): Transforming the Balanced Scorecard from Performance Measurement to Strategic Management: Part I. URL: http://zonecours.hec.ca/documents/A2009-P2-1506653.51952-Transforming-balanced-scorecard-PartI(1).pdf, [Stand 2011-01-10].

Kidd, J. R. (1979): Wie Erwachsene lernen. Braunschweig.

Knoblauch, J. (1979): Lernstreß ade. 33 Strategien für geistiges Arbeiten. Wuppertal.

Knoll, J. (2007): Kurs- und Seminarmethoden – Ein Trainingsbuch zur Gestaltung von Kursen und Seminaren, Arbeits- und Gesprächskreisen. 11. Aufl. Weinheim/Basel 2007. In: UTB Wörterbuch Erwachsenenbildung. URL: http://www.wberwachsenenbildung.de/online-woerter-buch/?tx_buhutbedulexicon_main[entry]=156&tx_buhutbedulexicon_main[action]=show&tx_buhutbedulexicon_main[controller]=Lexicon&cHash=4e7ac9235fe89d 55002e0df654b61d98, [Stand 2011-01-10].

Königswieser, R., Hillebrand, M. (2008): Einführung in die systemische Organisationsberatung, 4., überarbeitete Aufl. Heidelberg.

Marek, J. (2009): Berater für Personalentwicklung und Organisationsentwicklung in Veränderungsprozessen – eine Herausforderung. Norderstedt.

Marek, J. (2010): Ziele ziehen. Coaching. 3. überarbeitete und ergänzte Aufl. Norderstedt.

Müller-Commichau, W. (2007): Lebenskunst lernen. Baltmannsweiler.

Nuissl von Rein, E. (2002): Selbstgesteuertes Lernen in der Weiterbildung. In: Kraft, S. (Hrsg.): Selbstgesteuertes Lernen in der Weiterbildung. Hohengehren Baltmannsweiler.

OECD-Bericht (2010): Mehr Hochschulabsolventen in Deutschland – aber auch weiter steigende wirtschaftliche Vorteile aus guter Bildung. URL: http://www.oecd.org/document/59/0,3343,de_34968570_35008930_45925307_1_1_1_1,00.html , [Stand 2011-01-10].

Reitemeyer, U. (2005): Rezension von: Pongratz, L.: Untiefen im Mainstream, Zur Kritik konstruktivistisch-systemtheoretischer Pädagogik. Wetzlar: Büchse der Pandora 2004. In: EWR 4 (2005), Nr. 6 (Veröffentlicht am 08.12.2005), URL: http://www.klinkhardt.de/ewr/88178163.html [Stand2011-01-10]

Rogers, C. R. (1997): Therapeut und Klient. Grundlagen der Gesprächspsychotherapie. Frankfurt am Main.

Rosenstiel, L. v. (2007): Grundlagen der Organisationspsychologie, 6. Aufl. Stuttgart.

Rump, J., Eilers, S. (2005): Employability Management – Schlussbericht, Ludwigshafen. In: Marek, H. (2010): Ziele ziehen. Coaching. 2. überarbeitete und ergänzte Aufl. Norderstedt.

Rump, J., Schmidt, S. (2004) : Lernen durch Wandel – Wandel durch Lernen, Sternenfels. In: Marek, H. (2010): Ziele ziehen. Coaching. 2. überarbeitete und ergänzte Aufl. Norderstedt.

Schaub, H., Zenke, K. (2002): Wörterbuch Pädagogik. 5. grundlegend überarbeitete und erweiterte Aufl. München.

Schmalen, H. (1990): Grundlagen und Probleme der Betriebswirtschaft. 7. Aufl. Köln

Schmitz, E. (1978): Leistung und Loyalität. Berufliche Weiterbildung und Personalpolitik in Industrieunternehmen. Stuttgart.

Schneider, U. (2004): Coaching. In: Gaugler, E., Oechsler, W.A., Weber, W. (Hrsg.): Handwörterbuch des Personalwesens. 3., überarbeitete und ergänzte Aufl. Stuttgart.

Severing, E. (2005): Strategien und Methoden betrieblicher Weiterbildung. Studienbrief Nr. EB 1310 des Master-Fernstudienganges Erwachsenenbildung der TU Kaiserslautern. Unveröffentlichtes Manuskript.

Siebert, H. (1983): Lernen und Lebenswelt. In: Zur Identität der Wissenschaft der Erwachsenenbildung. Tagungsbericht Nr. 10. Bremen.

Siebert, H. (1997): Drei Jahrzehnte Erwachsenenbildung in Studium und Lehre. In: Knoll, J. (Hrsg.): Hochschuldidaktik der Erwachsenenbildung. URL: http://www.die-bonn.de/esprid/dokumente/doc-1998/knoll98_01.pdf, [Stand 2011-01-10].

Siebert, H. (2006): Menschenbild und Bildungsanspruch, Studienbrief Nr. EB 0410 des Master-Fernstudienganges Erwachsenenbildung der TU Kaiserslautern. Unveröffentlichtes Manuskript. Kaiserslautern.

Siebert, H. , Seidel, E. (2006): Lernen im Lebenslauf, Studienbrief Nr. EB 0420 des Master-Fernstudienganges Erwachsenenbildung der TU Kaiserslautern. Unveröffentlichtes Manuskript. Kaiserslautern.

Stiglitz, J. (2002): Die Schatten der Globalisierung. Berlin.

Theisen, M.R. (1992): Wissenschaftliches Arbeiten. Technik – Methodik – Form. 6. Aufl., München.

Uhle, R. (2004): Pädagogik der siebziger Jahre – zwischen wissenschaftsorientierter Bildung und repressionsarmer Erziehung. In: Faulstich, W. (Hrsg.): Die Kultur der siebziger Jahre. München.

Watzlawick, P. (2008): Wenn du mich wirklich liebtest, würdest du gerne Knoblauch essen. 6. Aufl. München.

Wittpoth, J. (2003): Einführung in die Erwachsenenbildung. Opladen 2003.

Wittpoth, J. (2007): Weiterbildung zwischen Recht auf Bildung und Zwang zu lebenslangem Lernen, Studienbrief Nr. EB 0210 des Master-Fernstudienganges Erwachsenenbildung der TU Kaiserslautern. Unveröffentlichtes Manuskript. Kaiserslautern.

Wöhe, G. (1986): Einführung in die Betriebswirtschaftslehre. 16. Aufl. München.

Wunderer, R., Küpers, W. (2003): Demotivation – Remotivation. München.

## Anhang 1: Grundstruktur Bildungswesen 2009

Tabelle 3: Struktur des Bildungswesens

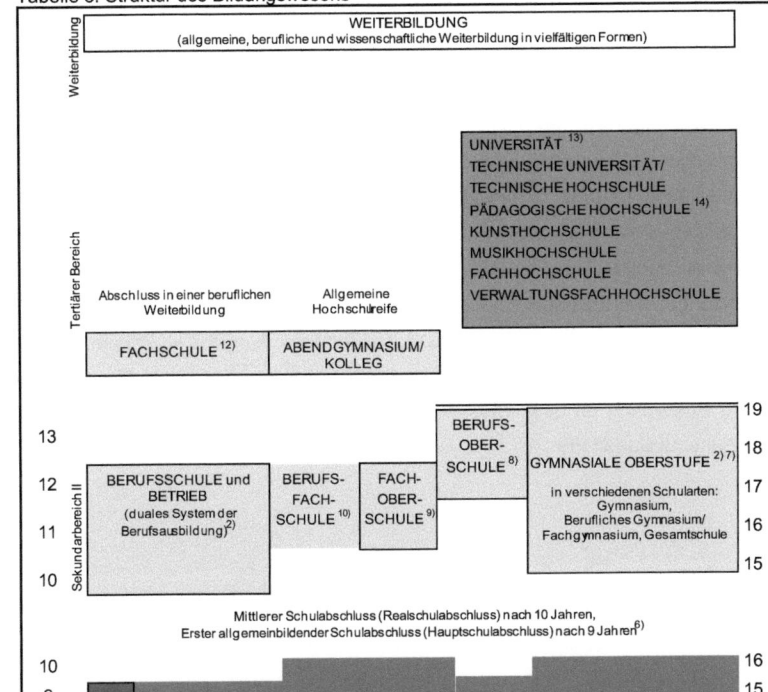

Quelle: KMK 2009 / Bonn

**Legende zu Tabelle 3**

**Zusätzliche Erläuterung zu Weiterbildungsbereichen (ebenda):**

[12] Fachschulen dienen der beruflichen Weiterbildung (Dauer 1-3 Jahre) und setzen grundsätzlich den Abschluss einer einschlägigen Berufsausbildung in einem anerkannten Ausbildungsberuf und eine entsprechende Berufstätigkeit voraus. Unter bestimmten Voraussetzungen ist zusätzlich der Erwerb der Fachhochschulreife möglich.

[13] Einschließlich Hochschulen mit einzelnen universitären Studiengängen (z. B. Theologie, Philosophie, Medizin, Verwaltungswissenschaften, Sport).

[14] An Pädagogischen Hochschulen (nur in Baden-Württemberg) wird für verschiedene Lehrämter ausgebildet. Im Einzelfall ist auch ein Studium für Berufe im außerschulischen Bildungs- und Erziehungsbereich möglich.

[15] Die Berufsakademie ist eine Einrichtung des tertiären Bereichs in einigen Ländern, die eine wissenschaftsbezogene und zugleich praxisorientierte berufliche Bildung durch die Ausbildung an einer Studienakademie und in einem Betrieb im Sinne des dualen Systems vermittelt.

**Anhang 2: Altersaufbau**

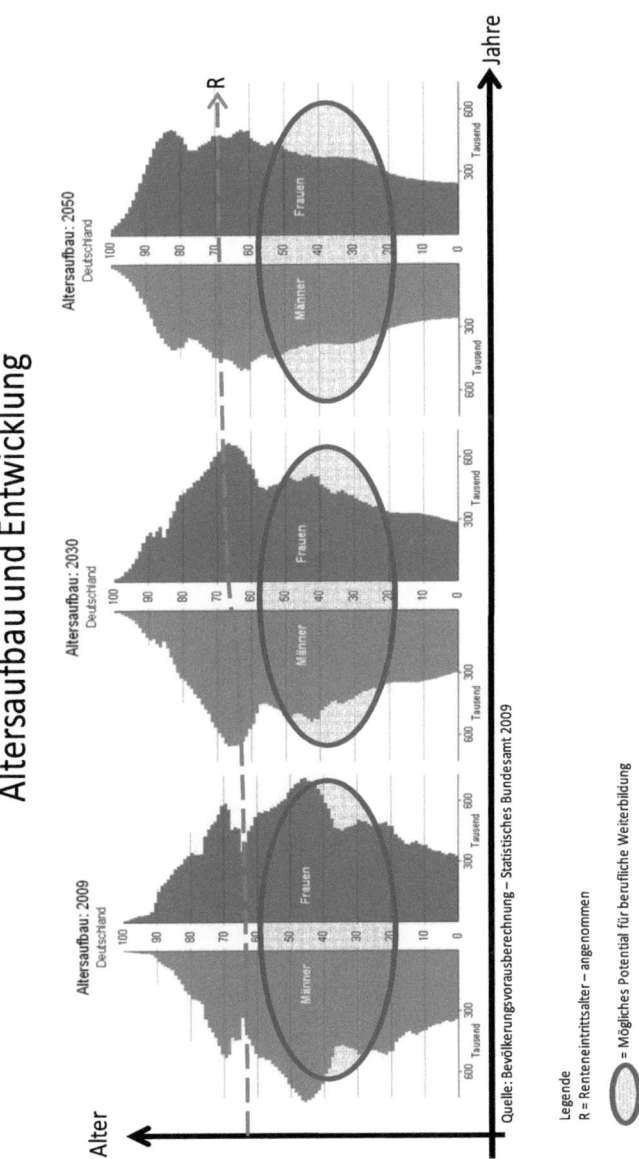

Abbildung 13: Altersaufbau

# Anhang 3: Systemische Sicht auf Weiterbildung

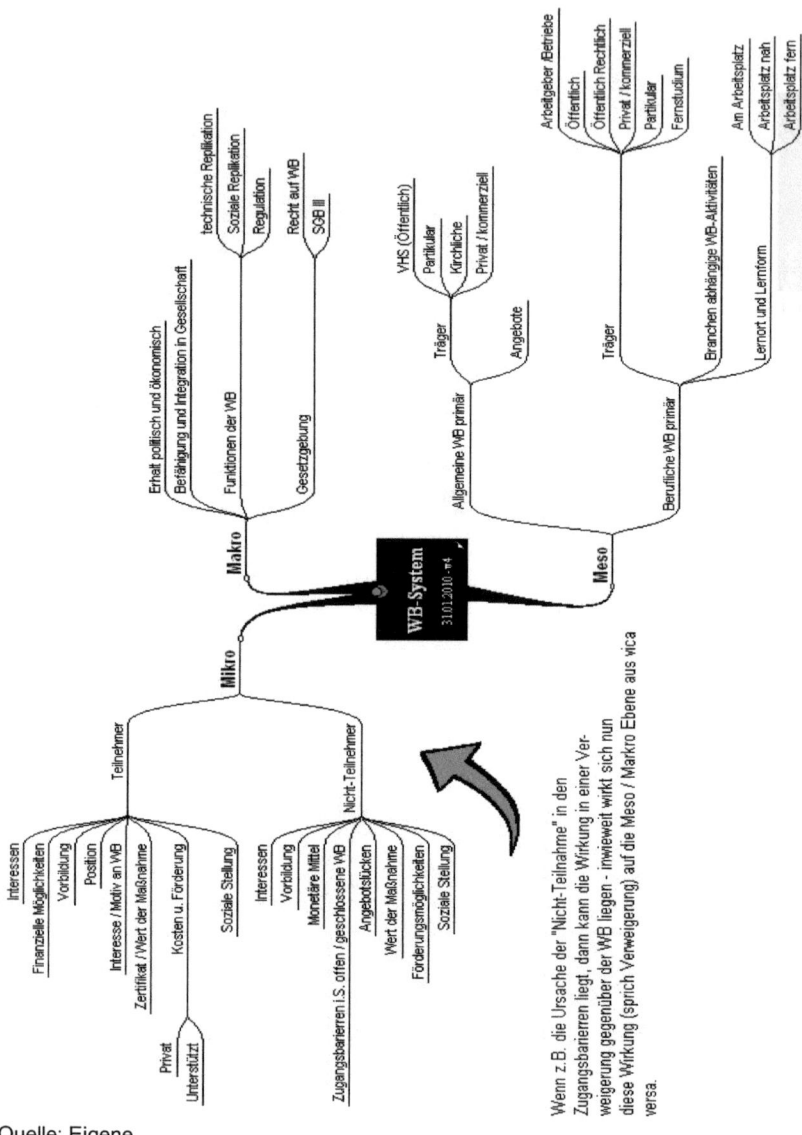

Wenn z.B. die die Ursache der "Nicht-Teilnahme" in den Zugangsbarrieren liegt, dann kann die Wirkung in einer Verweigerung gegenüber der WB liegen - inwieweit wirkt sich nun diese Wirkung (sprich Verweigerung) auf die Meso / Makro Ebene aus vica versa.

Quelle: Eigene
Abbildung 14: Weiterbildung Makro / Meso / Mikro

VIII

## Anhang 4: Auswahlverfahren

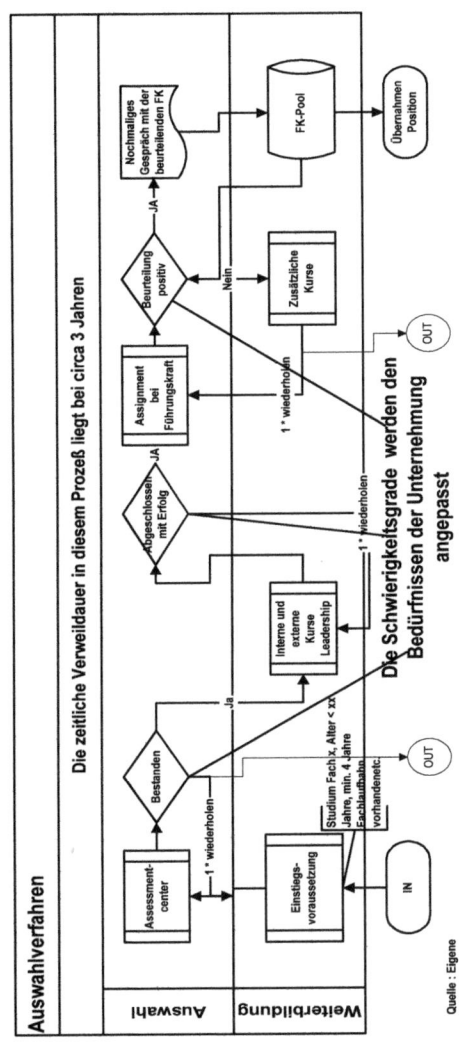

Quelle: Eigene
Abbildung 15: Warteschlangenproblem

## Anhang 5: Zwang zum Lebenslangen Lernen - Kritik

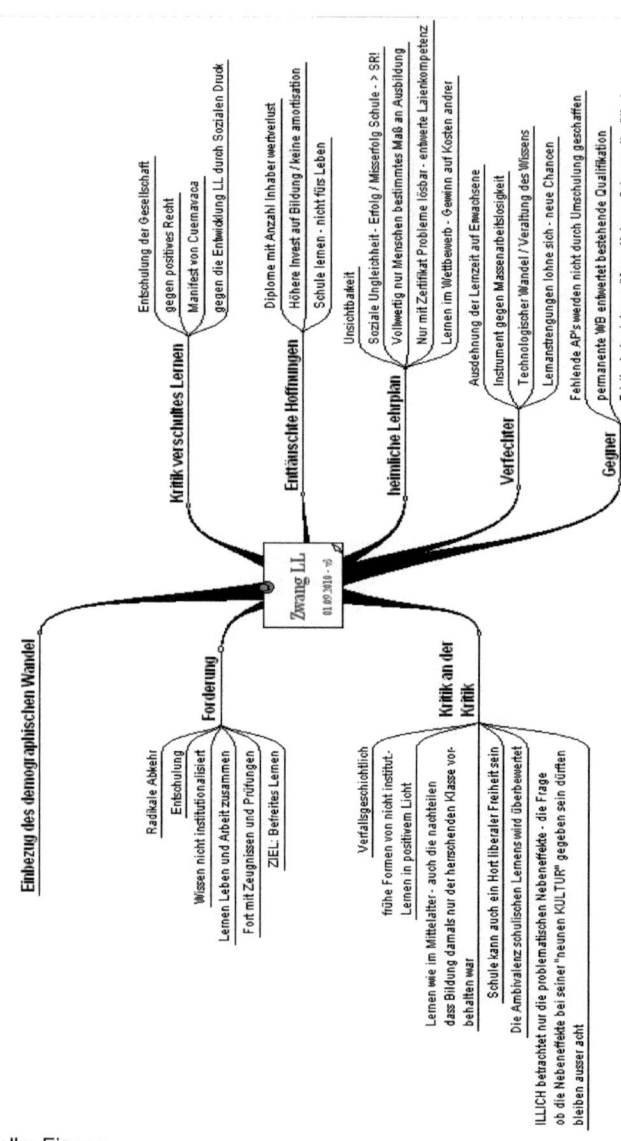

Quelle: Eigene
Abbildung 16: Zwang zum Lebenslangen Lernen

## Anhang 6: Employability-Prozess

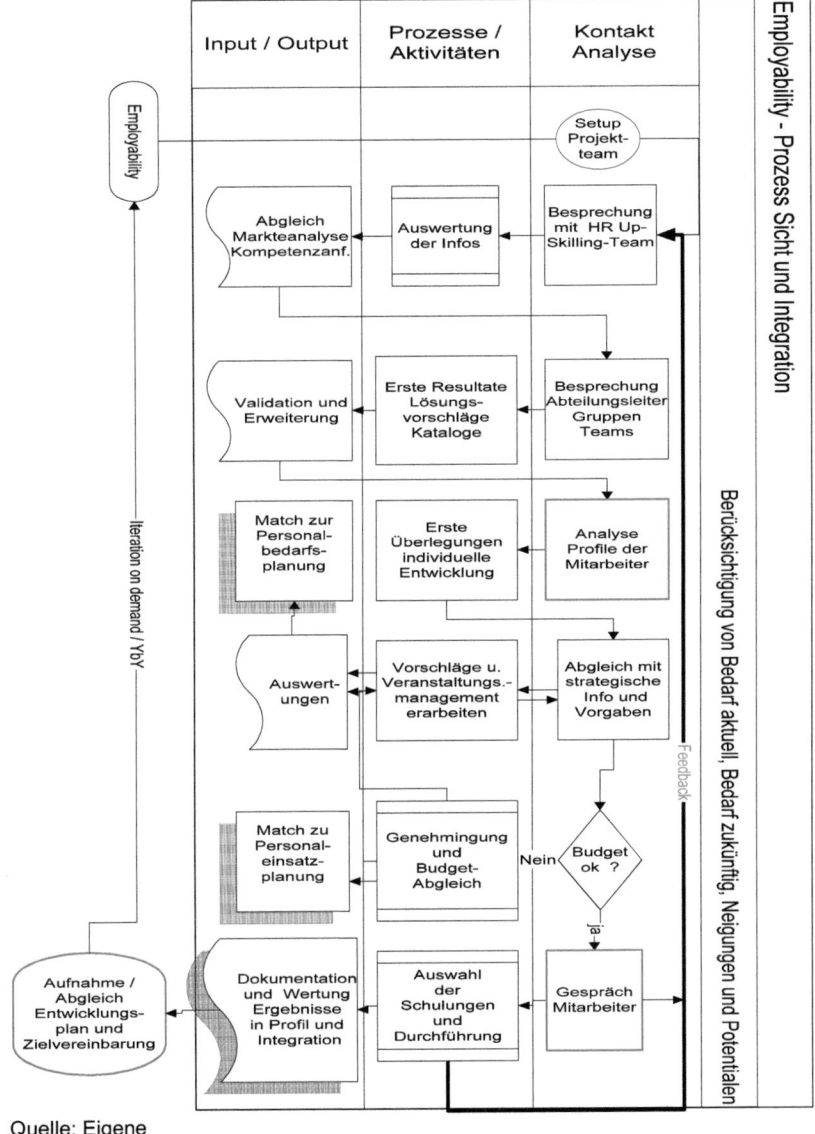

Quelle: Eigene
Abbildung 17: Employability- Prozess

# Anhang 7: Vergleich der Vorschläge

Tabelle 4: Gegenüberstellung der Vorschläge nach Wittpoth

| Kategorien | Erläuterung | Hessen 1991 "mittlere Systematisierung" | SPD 1991 | KMK 1994 ähnlich HESSEN |
|---|---|---|---|---|
| Koordination | Koordination der Träger und Kooperation dieser. | Erforderlich - Schaffung eines zugangsoffenen Weiterbildungsangebotes, Verknüpfung allgemeiner, politischer und Beruflicher Weiterbildung über eben die Förderung von Kooperation und Modellprojekten. Stärkung der Selbstverwaltung durch Einrichtung regionaler Weiterbildungsbeiräte (Träger, Förderer etc.). Die Aufgaben liegen in: Bedarfsklärung, Beratung, Mittelbeantragung, Unterstützung. Auf Landesebene eine "Strukturkommission Förderprogramme geben. Es wird empfohlen, dies zur Chefsache zu machen - > Ministerpräsident als Leiter. | Erforderlich - auf Bund, Länder und kommunaler Ebene sollen Weiterbildungsausschüsse eingerichtet werden, auf kommunaler Ebene Qualitätssicherung und Anerkennung, Durchführung von Prüfungen, Statistiken - auf Länderebene Fortbildungsregelungen erlassen, Anerkennungsgrundsätze, Vorschläge zum Weiterbildungsetat und auf Bundesebene Unterstützung der Länder und Gemeinden bei der Planung und curricularen Aufgaben sowie Abstimmung in Grundsatzfragen überregional. | Erforderlich - öffentliche Förderung von der Bereitschaft zur Kooperation abhängig machen - ansonsten wie Hessen. |
| Information | Information - öffentliche Weiterbildungsverzeichnisse - hier das Problem insofern - wer das bezahlt. | Unterstützend: örtliche Beratungs- und Informationsstellen - im zweiten Schritt zu Weiterbildungszentren ausbauen. Darüber hinaus soll ein Landesinstitut bzgl. Forschung und Entwicklung von WB beitragen. Weiterhin soll quasi mittels Erprobung die mittlere Systematisierung ausgelotet werden. | Erforderlich: Aufbau und Ausbau einschlägiger kommunaler Einrichtungen in öffentlicher Trägerschaft, Bildungswerbung bei Klein- und Mittelbetrieb. | Unterstützung beim Aufbau - in Zusammenarbeit mit Wirtschaft und gesellschaftlichen Gruppen. |
| Qualitätssicherung | Qualitätssicherung - Frage ist hier allerdings, wer setzt die Mindeststandards und kontrolliert diese. | Unterstützend - mittels Erprobung. | Erforderlich - Anerkennungsverfahren und Kontrolle - wie beim Fernunterricht - wie auch um die Qualität des Lehrpersonals. Wenn die Einrichtungen unterschreiten weniger als 2% des Personalbudget oder der Arbeitszeit der Dozenten, so sollen diese von der öffentlichen Förderung ausgeschlossen werden. | Erforderlich und Rahmenbedingungen sowie Kontrolle aller WB's. |

$\Rightarrow$

| | | | | |
|---|---|---|---|---|
| Zertifizierung | Zertifizierung als solche ist ein Muss - jedoch geht es um den Stellenwert i. S. von Berechtigungen. | Unterstützend - mittels Erprobung. | Erforderlich - vor allem für berufsbildende Weiterbildungsangebote und durch abgestimmte Prüfungsordnungen als Voraussetzung für eine Anerkennung der Abschlüsse und deren Verwertbarkeit im Beschäftigungssystem. | Unterstützend - hier wird eine besondere Verantwortung der Wirtschaft konstatiert. Anknüpfen an den Strukturplan mittels eines träger- und einrichtungsübergreifenden Zertifikatsystems "BAUKASTENMODELL". |
| Integration | Integration von allgemeiner, politischer und beruflicher Bildung - eine strenge Segmentation ist jedoch weniger angemessen. Förderrichtlinien, die eine Integration erschweren, sollen überprüft werden. Strittig ist hier der Grad der Verbindlichkeit. | Unterstützend - mittels Erprobung. | | Unterstützend - eben mittels Förderprogrammen und Regelungen. |
| Angebotslücken | Angebotslücken - nicht alle Interessen sind abgedeckt - >Worin und Wie diese sich beseitigen lassen, wird unterschiedlich beurteilt. | Erforderlich - jedoch ohne zu einer Erstarrung des Systems zu führen. Schließen von Angebotslücken. | Erforderlich - man sieht weniger Angebotslücken denn mehr ZUGANGSBARRIEREN - die Tarifparteien sollen Weiterbildungszeiten vertraglich absichern unter Beteiligung des Staates. Weiterhin mittels Bundesgesetz bezahlte Freistellung 1 Monat pro Jahr - somit im Berufsleben a la der Ausbildung 3 Jahr zusammenkommen. | Erforderlich sind Rahmenbedingungen. |

Die Unterschiede in den Vorschlägen
Legende: "Erforderlich" = E; "Unterstützend" = U

Quelle     Basis Wittpoth 2007, mit eigenen Ergänzungen

Tabelle 5: Verschränkung der Forderungen

| Zusammenfassung der Forderungen aus 1991-1994 | Forderungen aus Lernen im Lebenslauf 2010 |
|---|---|
| Abbau von Zugangsbarrieren, Schließen von Angebotslücken, Integration aller Klassen | Insbesondere im Rahmen der öffentlich verantworteten Weiterbildung - bezahlbare und zielgruppenspezifische Angebote zu schaffen, die auch bildungsferneren Schichten einen einfachen Zugang zu Weiterbildung bieten. |
| Steigerung der Kenntnisse über (aktuelle) Situation der Weiterbildung. Qualitäts-Sicherung und Sicherstellung der Verwertbarkeit von Zertifizierung, Freistellung für Bildungszwecke und Priorität humaner Bedürfnisse vs. einseitiger Ausrichtung. | Wichtig sind vor allem eine an der Berufs- und Arbeitsbiographie und der Lebens- und Lernsituation der Menschen orientierte Bildungsberatung und entsprechende Lernangebote. Das schließt eine konsequente Einbeziehung der vielfältigen informellen Lernprozesse außerhalb von Bildungsinstitutionen ein. Arbeitsprozesse müssen lernintensiver gestaltet werden, um die Chancen des Lernens am Arbeitsplatz besser zu nutzen. |
| Förderung der Selbständigkeit der Erwachsenen durch Weiterbildung. Verstärkte Vernetzung und Kooperation der Institutionen. | Wir wollen insgesamt das Lernen im Lebenslauf für und mit Unternehmen ausbauen und die Weiterbildung stärker mit der High-Tech-Strategie verbinden. Ein besonderes Augenmerk gilt dabei den kleinen und mittleren Unternehmen. |
| Finanzielle Förderung, speziell für untere Einkommensgruppen | Diese Zielsetzungen erfordern erhebliche Anstrengungen aller Beteiligten in der Weiterbildungsfinanzierung. |
| Offene Weiterbildungsangebote (also Vermeidung der sozialen Reproduktion/Verminderung der deinklusiven Segmente) Verstärkte Vernetzung und Kooperation der Institutionen. | Jede Person muss ermutigt werden, das Lernen als bleibende Herausforderung und als Chance für die persönliche Lebensgestaltung anzunehmen. Unternehmen und Verwaltungen müssen ihre Personalentwicklung noch stärker als bisher am Lernen im Lebenslauf und damit auf die bedarfsorientierte, fortlaufende Qualifizierung während der gesamten Lebensarbeitszeit ausrichten. |
| **Quelle: Zusammenfassung Tabelle 4**<br><br>1. Das SPD-Programm „Weiterbildung für eine menschliche Zukunft"<br>2. Das Gutachten „Weiterbildung in Hessen"<br>3. Die „Dritte Empfehlung der Kultusministerkonferenz zur Weiterbildung" | **Quelle:** Vgl. http://www.bmbf.de/de/lebenslangeslernen.php |

**Anhang 8: Prozess wissenschaftlichen Arbeitens**

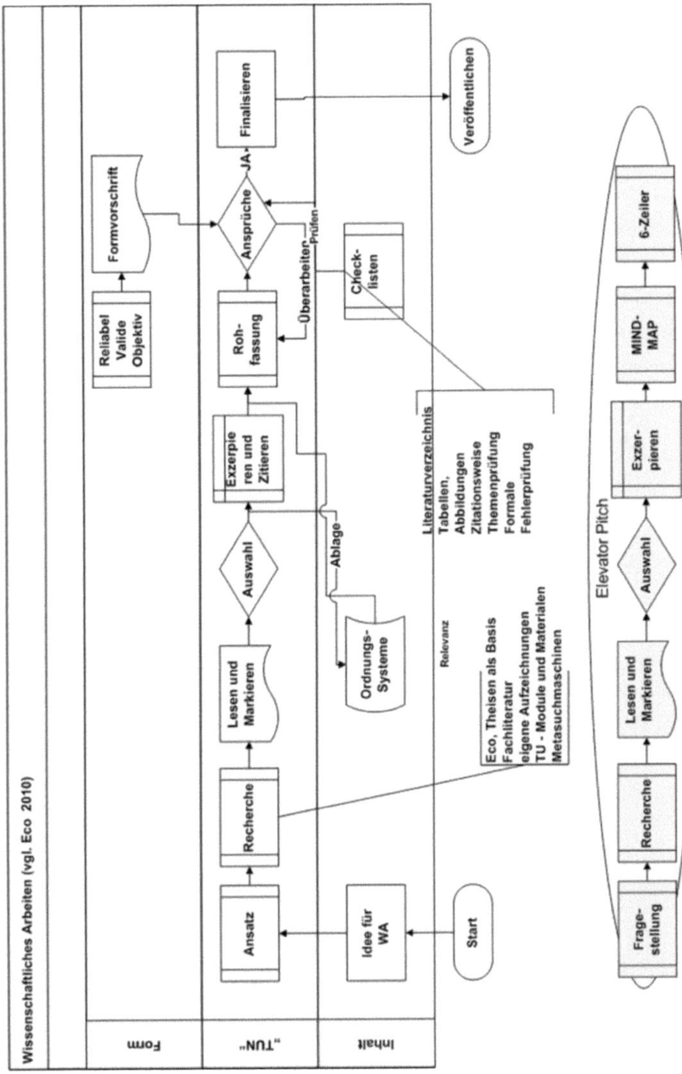

Quelle: eigene
Abbildung 18: Einordnung in den wiss. Prozess

## Anhang 9: Zahnrad der Forschungsfragen

„Wie können die Kompetenzen der Mitarbeiter einerseits so gefördert werden und gestärkt werden, dass diese den Organisationsrahmen nutzen, ausgestalten und weiterentwickeln können? Und wie können die Arbeitsplätze, die Kooperationsformen, Strukturen und Abläufe andrerseits so organisiert werden, dass Arbeit ein kontinuierliches Lernen erlaubt und auch die Organisation selbst lernen, d.h. sich wandeln und verändern kann?" (Arnold 2006; zit. nach Marek 2009, S.37).

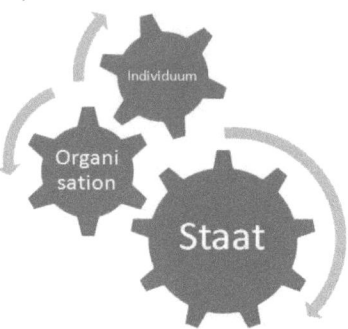

„Wie können Bildungseinrichtungen für Lernwillige einerseits so gefördert und gestärkt werden, dass diese den Bildungsauftrag nutzen, ausgestalten und weiterentwickeln? Und wie können die Zugänge , die Kooperationsformen, Strukturen und Abläufe andrerseits so organisiert werden, dass Bildung ein kontinuierliches Lernen fördert wie auch die Bildungseinrichtung selbst lernt, d.h. sich wandeln und verändern kann?"

Wie können Organisationen einerseits so gefördert und gestärkt werden, dass diese Zugänge zu Bildungseinrichtungen weitestgehend offen gestalten und weiterentwickeln? Und wie können Veränderungsprozessen so gestaltet werden, dass Menschen sich dem politischen und gesellschaftlichen Rahmen (Aufgaben) nicht verweigern, sondern diese den Rahmen nutzen, weiterentwickeln und auch aushalten?

Quelle: Eigene

Abbildung 19: Zahnrad der Forschungsfragen EB

**Anhang 10: Ein mögliches Desaster**


Ein „Schreckensszenario"- Der aktuelle Bericht der OECD zum Vergleich der sozialen Gerechtigkeit und somit des Armutsrisikos weißt Deutschland den Platz 22 (unter 34 Nationen[62]) zu! Darüber hinaus ist Deutschland aktuell das „Altenheim" der Europäischen Union, mit einem Durchschnittsalter von 44,2 Jahren und weist gleichzeitig die geringste Geburtenrate auf[63]. Die Beschäftigung der Bürger in Deutschland mit einem Alter größer 62,1 Jahren ist weit unter 50% und konvergiert gegen 2 % bzgl. Beschäftigung im Alter mit 70 Jahren.

Zur nachfolgenden Hypothesenbildung: Die unabhängige Variable ergibt sich aus der Struktur aus Anhang 2 – es wurden keine sonstigen Störfaktoren (z.B. Krieg, Klimawandel, Globale Wirkungen etc.) in dieser u.a. einfachen Deduktion von Kausalitäten betrachtet:

↳ Die aktuelle Rentenkasse kann den Generationsvertrag nicht mehr so erfüllen, wie geplant (also die Einzahlungen in selbige bestimmen die Auszahlungen).

↳ Somit die (noch) aktuellen und zukünftigen Beitragszahler noch mehr in die Rentenkassen einzahlen müssen – ohne so zu partizipieren, wie die Generation der heutigen 65+ Kohorten – also Rentenbezieher.

↳ Die Bürger, die im Jahr 2030 in den dann möglichen Ruhestand mit 67 / 70 Jahren eintreten, sich mit einer staatlichen Grundsicherung „zufrieden" geben müssen.

↳ Somit dem Marktgeschehen, trotz aktueller Sättigung, weniger Konsumentenrenditen zur Verfügung stehen für zusätzliche Investitionen, die nicht für das als Lebensnotwendig angesehen wird.

↳ Altersarmut[64] der dann schwächeren sozialen Schichten wird die ökonomische Wohlfahrt aus dem Gleichgewicht bringen[65].

↳ Eine mögliche Radikalisierung der Gesellschaft wird zu einem noch härteren Verteilungskampf führen (vice versa).

↳ Die Stigmatisierung der dann „Alten" führt zu einer traumatisierten Haltung der Gesellschaft.

■ Die Wohlfahrt ist somit verfallsgeschichtlich zu betrachten, etc.

---

[62] Vgl. "Mitgliedsländer" URL:
http://www.oecd.org/document/39/0,3746,de_34968570_35009030_39992423_1_1_1_1,00.html, [Stand 2011-01-10].
[63] Vgl. http://www.epp.eurostat.ec.europa.eu/portal/page/portal/population/documents/Tab/report.pdf, [Stand 2011-04-02]
[64] Vgl. „Sozialexperten warnen" URL: http://altersvorsorge-rente.t-online.de/sozialexperten-warnen-vor-steigender-altersarmut/id_43880576/index, [Stand 2011-01-10].
[65] Vgl. „2030 Aufstand der Alten" – eine Fiktion? URL: http://www.sueddeutsche.de/kultur/zdf-dreiteiler-aufstand-der-alten-kein-science-fiction-1.439992, [Stand 2011-01-10].

.